# Die Original
# Kreta-Diät

ISBN 3-901794-72-7

© Verlag des Österreichischen Kneippbundes Ges.m.b.H., Kunigundenweg 10, A-8700 Leoben.
Autoren: Myrsini Lambraki, Heraklion.
   Prof. Robert Gieler, Wien.
Fotos: Lambraki, Eisl, Kneipp-Verlag.
Layout, Fotosatz, technische Bearbeitung: Verlag des Österreichischen Kneippbundes Ges.m.b.H.
Druck: Theiss GmbH., 9400 Wolfsberg.

1. Auflage                                                                                       Leoben, Juli 2000

Myrsini Lambraki · Prof. Robert Gieler

# Die Original
# Kreta-Diät

KNEIPP
VERLAG
Leoben · Stuttgart

# Inhalt

Kreta – Insel der Götter .......... 7
Auf Kreta lebt man lange ......... 9
Kreta-Küche – gesund und
bekömmlich ..................... 11
Gemüse – wichtige Säule der
Kreta-Kost ...................... 13
Obst aus Kreta fördert den
Stoffwechsel .................... 22
Auf Kreta – Salate wertvoll und
erfrischend ..................... 24
Kreter: Gespür für Eiweißnahrung ... 25
Auf Kreta – Fleisch für festliche
Mahlzeiten ..................... 27
Auf Kreta: Fische – das heißt
Gesundheit pur ................. 28
Getreide – Urnahrung auf Kreta ... 29
Fit und schön mit
Kreta-Milchprodukten ........... 31
Kreta-Honig: Naturarznei für
Wohlbefinden und Fitness ....... 33
Kreter sagen: Kräftig würzen –
länger leben ................... 35
Auf Kreta gilt: Essen und Trinken
halten Leib und Seele zusammen ... 38
Auf Kreta: Meersalz – ein wichtiges
Würzmittel ..................... 39
Käse in der kretischen Küche ..... 40

Kreta – die Insel der Olivenbäume ... 43

**Kräuteröle**

Olivenöl mit Rosmarin, Lorbeerblättern
und roten Pfefferkörnern ......... 66
Olivenöl mit Koriander, Zitrone, grünem
und schwarzem Pfeffer ........... 67
Olivenöl »5 Kräuter« ............. 67

**Die Wurzeln der kretischen Küche**

Einleitung zu den Rezepten ....... 68

## Rezepte

**Soßen, Salatsoßen**

Olivenöl mit Zitronen und Senf .... 70
Olivenöl mit Zitrone,
Petersilie oder Dill .............. 70
Olivenöl mit Zitrone ............. 70
Olivenöl mit Essig und Knoblauch .. 71
Olivenöl mit Minze, Senf
und Oregano ................... 71
Olivenöl mit frischem Basilikum
und Knoblauch ................. 72
Olivenöl mit Ginger und frischem
Fenchelsamen .................. 72
Olivenöl mit Oregano, Thymian
und Honig ..................... 73
Grüne Knoblauchsoße ........... 73

**Snacks und Vorspeisen**

    Kretischer Zwieback mit Olivenöl ... 74
    Feta-Käse in Olivenöl ............ 74
    Gebackene schwarze Oliven
    mit Zwiebeln .................. 75
    Blumenkohl in Olivenöl ........... 75

**Salate**

    Kreta-Bauernsalat ............. 76
    Griechischer Salat ............. 76
    Salat aus gebackenen Kartoffeln mit
    schwarzen Oliven .............. 77
    Hühnerlebersalat mit Löwenzahn und grünen Oliven ................... 77
    Gemischter Salat aus
    Hülsenfrüchten ................ 78
    Romagnasalat mit Fenchel
    und Orange ................... 78

**Gemüse und Bohnen**

    Kartoffeln in Olivenöl und Oregano .. 79
    Mongobohnen mit Reis .......... 79
    Zerstoßener Weizen in Olivenöl .... 80
    Gebackene Artischockenherzen .... 80
    Gedünstete Tomaten mit Minze .... 81
    Okra mit Kartoffeln ............. 81

**Eierspeisen**

    Spiegeleier mit Tomaten ......... 82
    Omelette mit Zucchini ........... 83

**Suppen**

    Linsensuppe .................. 84
    Fischsuppe ................... 85

**Fischspeisen**

    Fisch und Okra im Ofen ......... 86
    Lauch mit gesalzenem Kabeljau .... 86
    Tintenfisch in Wein, grünen Oliven
    und Dill ...................... 87

**Fleischspeisen**

    Rindfleisch mit Auberginen ....... 88
    Schweinefleisch mit Sellerie
    und Eier-Zitronen-Soße ......... 89

**Süße und herzhafte Küchen und Plätzchen**

    Spinatkuchen ................. 90
    Kalitsoina .................... 91
    Frittierte Küchlein ............. 92
    Plätzchen mit Olivenöl .......... 93
    Baklava ...................... 94
    Rosinenkuchen ................ 95

**Die Autoren** ...................... 96

# Gesünder mit Kneipp!

**Der Österreichische Kneippbund**

ist ein gemeinnütziger Verein, der seine Tätigkeit – Informationen über Abhärtung durch Wasseranwendungen, Gesundheitsvorsorge, moderne Ernährung, Heilkräuter, Bewegung und Lebensordnung sowie ein umfassendes lokales und österreichweites Seminar- und Kursangebot – mit seinen 200 Kneippvereinen in ganz Österreich durchführt.

50.000 Mitglieder gehören dem Österreichischen Kneippbund an, sie erhalten 10-mal jährlich die Kneipp-Gesundheitszeitschrift.

**Wir laden auch Sie ein, bei uns Mitglied zu werden!**
Mitgliedsbeitrag nur S 300.–/Jahr

Fordern Sie kostenlos unsere Informationsbroschüren an.
Ihrer Gesundheit zuliebe!

## ÖSTERREICHISCHER KNEIPPBUND
Kunigundenweg 10 · A-8700 Leoben
Tel. 0 38 42 / 2 17 18 · Fax 0 38 42 / 2 17 18 - 19
Internet http:/www.kneippbund.at · E-Mail: bs@kneippbund.at

*In Deutschland können Sie sich dem Kneippbund e. V. anschließen –
mit ähnlichem Angebot!*

Adresse: **Kneippbund e. V., Adolf-Scholz-Allee 6 - 8,
D-86825 Bad Wörishofen**

# Kreta – Insel der Götter

*»Kreta«, murmelte ich, »Kreta«.*
*Und mein Herz schlug schneller.*

(aus: Nikos Kazantakis' »Alexis Sorbas«-Roman und Film)

Kreta, italienisch Candia, türkisch Kirit, die größte griechische Insel und fünftgrößte des Mittelmeeres, ist nicht nur eine Sonneninsel, wo Himmel und Erde, Berge und Täler miteinander im Licht verschmelzen, sondern ein Land mit Olivenhainen, Zypressengewächsen, Weinkulturen und über 2.000 verschiedenen Pflanzen, darunter viel Gemüse und Obst.

Die Fläche der Insel im östlichen Mittelmeer beträgt 8.334 km² und sie hat ca. 460.000 Einwohner; dazu kommen noch jährlich tausende Touristen, die die historischen Sehenswürdigkeiten und schöne Landschaft bewundern. Es gibt etwa 1.300 Orte und Siedlungen auf Kreta. Die größten davon liegen an der Nordküste: Chania, Rethjmnon, Heraklion und die Hauptstadt Agios Nikolaos.

Kreta ist ein hohes, im Winter auch schneebedecktes Gebirgsland, deren höchster Gipfel Ida 2.456 m hoch ist. Es gibt viele fruchtbare Hochebenen und in der Tiefebene Messara herrscht eine üppige

# KRETA – INSEL DER GÖTTER

Vegetation mit vielen Nutzpflanzen. Gewaltige Schluchten, riesige Höhlen und Grotten geben dem steilen und zerklüfteten Bergland eine eigene Atmosphäre. Am bekanntesten ist die Samaria-Schlucht, die 1962 zum Nationalpark erklärt wurde. Auf Kreta soll der Sage nach die Wiege der griechischen Götter stehen. So soll Zeus, der Göttervater, auf Kreta aufgewachsen sein. Noch heute kann man die Zeus-Grotte besichtigen. Dorthin soll Zeus, in Form eines Stieres, die Prinzessin Europa entführt und so manches amouröses Abenteuer mit ihr erlebt haben.

Die ersten Spuren menschlicher Besiedelung stammen aus dem 5. Jahrtausend v. Chr. Die Einwanderer kamen hauptsächlich aus Kleinasien und die ersten Ansiedelungen entstanden bei Knossos und Phaistos, wo auch die ältesten Töpferwaren gefunden wurden. Bereits in der Bronzezeit von 2.600 bis 1.100 v. Chr. gab es eine europäische Hochkultur, die nach König Minos, Herrscher von Knossos, die Minoische Epoche genannt wird. Bei dieser Kultur lebten nicht nur die Herrscher, sondern auch die Bewohner in so genannten Palastgesellschaften. Durch die Fruchtbarkeit des Landes hatte die Esskultur bereits ein sehr hohes Niveau. Viele Paläste wurden in dieser Zeit durch Erdbeben und verheerende Flutwellen zerstört. Nach der minoischen Epoche eroberten die Dorier die Insel Kreta.

Später kamen durch Eroberungen Römer, Byzantiner, Araber, Venezianer, Türken und Engländer auf die Insel. Im Jahre 1941 landeten deutsche Truppen, mit Hilfe von Fallschirmjägern, auf Kreta. Nach dem zweiten Weltkrieg kam es auf der Insel zu einem furchtbaren Bürgerkrieg. Erst seit 1974 wird Kreta demokratisch regiert und ist heute eines der wichtigsten touristischen Zentren Griechenlands.

# Auf Kreta lebt man lange

Bereits vor 50 Jahren erkannte der US-Wissenschaftler Ancel Keys bei einer Studie der Mittelmeervölker, dass durch die mediterrane Kost besonders bei den einfachen Menschen auf der Insel Kreta viel weniger Herzinfarkte auftreten als bei den Menschen der so genannten Wohlstandsländer.

Prof. Serge Renaud vom National Institute of Health and Medical Research führte intensive Studien auf der Insel Kreta durch und erkannte, dass die Inselbewohner, besonders die Bauern, durch ihre Kost, die Fasttage und die gesunde Lebensweise mit viel Bewegung viele Vorteile für ihre Gesundheit haben:

- Sie leben lange.
- Sie bekommen keine Herzinfarkte.
- Die Gefäße werden geschützt.
- Das Krebsrisiko ist verringert.
- Der Stoffwechsel wird gefördert.
- Übergewicht wird vermieden.
- Besonders die Risiken für koronare Herzkrankheiten, Diabetes und Bluthochdruck sind wesentlich verringert.

# AUF KRETA LEBT MAN LANGE

Eine von der EU eingesetzte Kommission hat 1997 in einem Konsensuspapier einerseits die Bewahrung der traditionellen mediterranen Küche in den Mittelmeerländern empfohlen, andererseits die Einführung dieser Ernährungsweise in den mittel- und nordeuropäischen Ländern gefordert.

Diese Entscheidung beruht auf dem nachweislich günstigen Effekt dieser Ernährungsweise auf Herz-, Kreislauf- und Krebserkrankungen. Vorbild dafür ist die traditionelle Kreta-Ernährung, die man auch als Kreta-Diät bezeichnet.

Die Weisheiten der Kreta-Kost sollen sinngemäß auch bei uns angewendet werden.

**Transfertechnik der Kreta-Kost**

Man versteht darunter die sinnvolle Umsetzung und den Einbau der Kretakost in unsere Ernährung.

# Kreta-Küche – gesund und bekömmlich

Ein wichtiger Weg zur Gesundheit führt über die Kretakost.

Die Kretakost – international bekannt unter dem Namen Kreta-Diät – ist eine ursprüngliche, ganz natürliche Nahrung, wie sie die Bewohner Kretas schon vor hunderten Jahren aßen und die immer wieder – bedingt durch die wechselvolle Geschichte – verändert und verbessert wurde.

Die Kreta-Diät ist nicht etwa eine Krankenkost oder eine einseitige Ernährung, sondern eine gesunde Mischkost, die heute noch von vielen Bewohnern im Landesinneren, besonders den Bergbauern, Hirten und alten Menschen, gegessen wird. Eigentlich heißt ja Diät »gesunde Lebensweise«.

Die Kreter essen überwiegend vegetarisch, d. h.
- viel Obst und Gemüse,
- Hülsenfrüchte und frische Kräuter,
- Milchprodukte aus Kuh-, Ziegen- und Schafmilch, besonders Käse und Jogurt,
- Honig und Honigprodukte,
- Meeresfische und Meerestiere,
- an Festtagen besonders Lamm-, Ziegen- und Hühnerfleisch.

Das wichtigste Fett ist das Olivenöl – das grüne Gold oder die Seele der Kretakost.

## KRETA-KÜCHE – GESUND UND BEKÖMMLICH

Die Menschen auf Kreta essen gerne und fasten fröhlich, besonders an bestimmten Festtagen. Durch den Prozess von Ernährung und Fasten kommt es zu einer Entgiftung und Entwässerung: wichtige Faktoren für die Erhaltung und Förderung der Gesundheit. 180 Tage im Jahr halten noch sehr viele Menschen auf Kreta den »periodischen Vegetarismus« ein, eine Fastenzeit ganz ohne Fleisch und an besonders heiligen Tagen sogar ohne Milch und Eier.

Mit weiteren Festen und Fastentagen ehren sie ihre Heiligen und Märtyrer und so kommt es, dass man sich in jeder Woche an zwei Tagen der tierischen Produkte enthält. Ernährungsexperten, die das Phänomen der Kretakost untersucht haben, sind überzeugt, dass in dem sinnvollen Wechsel von Essen und Fasten bzw. Einschränkung, ein Schlüssel für die gute Gesundheit der Inselbewohner liegt. Ein weiterer Schlüssel für das Wohlbefinden ist der tägliche Genuss von ein bis zwei Glas Rotwein.

Die gesundheitsfördernde Wirkung des Rotweines ist auf sekundäre Pflanzenstoffe, besonders Polyphenole, zurückzuführen, die einen günstigen Einfluss auf das Cholesterin im Blut haben und die Risikofaktoren für Arteriosklerose und Herzinfarkt reduzieren. Allerdings kann man mit rotem Traubensaft und dem Saft roter Beeren eine ähnliche Wirkung erzielen.

Die Kretakost ist eine Schutzkost gegen viele Krankheiten und es wurde wissenschaftlich festgestellt, dass es auf die Gesamtkomposition der Ernährung und die Lebenseinstellung ankommt. Die Kretakost enthält nicht nur die wertvollen Bestandteile des Olivenöls, sondern enorm viel Vitamine, Mineralstoffe, Spurenelemente, Ballaststoffe und sekundäre Pflanzenstoffe, die den schädlichen Einfluss von Umweltgiften und besonders »Freien Radikalen« abzufangen vermögen. Die Kretakost schützt vor koronaren Herzerkrankungen und gilt als wichtige Vorbeugung gegen Krebs und Tumore. Die Kreter behaupten nicht umsonst: »Unsere Kost ist die gesündeste der Welt«.

# Gemüse – wichtige Säule der Kreta-Kost

Die Kreter stehen mit einem jährlichen Pro-Kopf-Verbrauch von 200 kg an erster Stelle. Wir Mitteleuropäer essen nur rund 85 kg oder noch weniger.

Gemüse – besonders aus biologischem Anbau – ist reich an Mineralstoffen, Spurenelementen, Vitaminen, Antioxidantien, sekundären Pflanzeninhaltsstoffen, Ballaststoffen und arm an Kalorien.

Die Biostoffe sind unentbehrlich für
- das Funktionieren des Stoffwechsels,
- unser Immunsystem,
- viele biochemische Prozesse im Organismus,
- die Krebsvorbeugung und
- die Herz-Kreislauf-Prophylaxe.

Rund 40 % unserer Ernährung sollen aus Gemüse bestehen.

Gemüse sind Lebensmittel von hohem Wert, die sachgemäß behandelt werden müssen:
- Nach Tagesbedarf einkaufen und rasch zubereiten.
- Erdige Wurzeln und ungenießbare Stiele und Blätter entfernen.
- Im Wasser reinigen, aber nicht auslaugen.
- Schonend kochen mit wenig Wasser und Fett.

Empfehlenswerte Zubereitungsarten sind Blanchieren, Braten, Dämpfen, Dünsten, Gratinieren, Grillen, Schmoren. Die Vorteile des Schnellkochtopfes kann man getrost nutzen.

Gemüse soll ohne Salz oder salzarm zubereitet werden. Zum Würzen verwendet man Kräuter, jedoch soll der Eigengeschmack der Gemüsesorten zur Geltung kommen.

## Die besten Gemüsesorten von A bis Z

**Artischocken,** eine Distelart, die besonders in Mittelmeergebieten gedeiht, ist reich an Kalium, Phosphor, Magnesium, Eisen, Vitamin A, B1, B2, Niacin und C. Das Cynaripikrin ist ein kräftigender Bitterstoff, der die Magensaftbildung und Beweglichkeit des Magens anregt. Die Artischocke senkt Blutfette, ist gallefördernd und wichtig als Leberschutzmittel.

**Brokkoli** zählt zu den gesündesten Gemüsesorten und enthält Kalium, Kalzium, Magnesium, Betakarotin, Folsäure, Pantothensäure und Vitamine der B-Gruppe sowie wichtige sekundäre Pflanzeninhaltsstoffe. Die Kombination der Wirkstoffe ermöglicht eine Kräftigung des Bindegewebes, stärkt die Nerven und die Immunabwehr und wirkt wasserausschwemmend.

Brokkoli ist deshalb bei Bluthochdruck und zur Krebsabwehr besonders zu empfehlen.

**Fenchelknollen** haben einen wunderbaren Duft und schmecken sowohl roh als auch gekocht. Wegen des Nitratgehaltes nicht aufwärmen! Die Knollen sind reich an Kalium, Eisen, Magnesium und Kalzium. Beachtlich hoch ist sein Vitamin-C-Gehalt. Das Nervenvitamin B1 und andere Vitamine der B-Gruppe sowie Betakarotin und Folsäure machen Fenchel zum Star unter den Gemüsesorten, wenn es um die Regeneration und Aktivierung der Schleimhäute im Magen-Darm-Trakt und im Atmungsbereich geht. Fenchel ist ein Antistressgemüse und eine wichtige Erkältungsprophylaxe. Er wirkt auch vorbeugend gegen Krebs

**Grüne Bohnen (Fisolen)** sind erhältlich als Prinzess- oder Stangenbohnen. Sie sind reich an Biostoffen, besonders Magnesium, Kalium, Kalzium, Phosphor, Eisen, Jod, Fluor und den Spurenelementen Molybdän und Chrom. Sie enthalten auch Betakarotin, die Vitamine B1 und B2, Niacin und E. Eine sehr wichtige Aufgabe haben die Bioflavonoide für die Regeneration. Grüne Bohnen sind ein Jungbrunnen für Haut, Haare und Nägel. Sie müssen auf jeden Fall gekocht werden, da die giftigen Lektine erst durch Erhitzen unschädlich gemacht werden.

Trotz einer besonders hohen Biostoffdichte haben sie nur 32 Kalorien pro 100 Gramm.

## GEMÜSE – WICHTIGE SÄULE DER KRETA-KOST

**Gurken** werden ganzjährig angeboten und sind reich an Kalzium, Phosphor, Magnesium, Eisen, Jod, Provitamin A und den Vitaminen B1, B2, Niacin und Folsäure. Sie haben nur 15 Kalorien pro 100 Gramm und sind ein ideales Schlankheitsgemüse. Für Gurkensalate ist Dill geschmacklich eine ideale Ergänzung.

**Hülsenfrüchte** wie **Bohnen, Linsen, Erbsen** und **Sojabohnen** werden von den Kretern sehr geschätzt. Sie sind gut zu lagern, einfach und vielfältig zuzubereiten und sind Hauptbestandteil vieler Gemüsegerichte. Die Hülsenfrüchte liefern komplexe Kohlenhydrate, viele Ballaststoffe, wichtige Vitamine und Mineralstoffe. Als Lieferanten von hochwertigem Eiweiß übertrifft sie kein anderes pflanzliches Lebensmittel. In Kombination mit Getreideprodukten, besonders Brot, entsteht ein für den Körper gut verwertbares Eiweiß. Hülsenfrüchte sind besonders wertvoll für Leber, Herz und Nerven.

**Blumenkohl (Karfiol)** ist ein kombinierter Mineralstoff- und Vitaminträger, reich an Kalium, Magnesium und den Spurenelementen Mangan und Eisen. Die sehr hohe Konzentration von Vitamin C stärkt vor allem die Immunabwehr. Die Folsäure ist wichtig für die Zellerneuerung und die hohe Vitamin-B5-Konzentration ist günstig bei Arthrose und Arthritis. Die Biostoffe helfen bei Nervosität und Lernschwäche.

**Karotten** sind besonders reich an Betakarotin, die Vorstufe des wichtigen Vitamin A. Dieses Vitamin wird für die Gesunderhaltung der Schleimhäute, den Sehprozess, die Hautverbesserung und zur Krebsprophylaxe empfohlen. Vitamin A schützt vor Infektionen im Nasen-Rachen-Raum. Karotten enthalten außerdem Natrium, Kalzium, Phosphor, Magnesium, Eisen und Fluor. Wegen des hohen Gehaltes an Betakarotin sollen Karotten im wöchentlichen Speiseplan nicht fehlen.

**Kartoffeln** werden in vielen Sorten angeboten. Sie sollten kühl und dunkel gelagert werden. Die Kartoffelknolle ist ein wichtiger Kaliumträger, hält dadurch die Zellen fit und wirkt entwässernd. Daneben enthalten Kartoffeln Kalzium, Phosphor, Eisen, Magnesium und die Spurenelemente Chrom und Molybdän. Durch lange Lagerung nimmt der hohe Vitamin-C-Gehalt ab. Weitere vorhandene Vitamine sind B1, B2, Folsäure und Niacin. Durch den hohen Gehalt an Stärke mit ca. 20 % wird dem Organismus eine gleichmäßige Energieversorgung zur Verfügung gestellt. Ballaststoffe regeln die Verdauung und senken die Blutfettwerte. Auf Grund der günstigen Zusammensetzung sollen Kartoffeln im täglichen Ernährungsplan nicht fehlen.

# DIE ORIGINAL-KRETA-DIÄT

**Kohl** ist mit seinen zahlreichen Kulturformen eine der wichtigsten und ältesten Ernährungspflanzen für den Menschen. Man unterscheidet Wirsing-, China- und Grünkohl. Die Heimat des Grünkohls ist der Mittelmeerraum. Diese Kohlart ist reich an Kalium, Kalzium, Eisen, Mangan, Chrom, Kupfer und Magnesium. Auch Betakarotin, Vitamine aus der B-Gruppe und Vitamin E sind reichlich vorhanden. Es gibt nur wenig Gemüsearten, die so viel Vitamin C enthalten wie Kohl. Man kann diese Gemüseart wegen der Verbesserung der Knochenfestigkeit als Osteoporosekiller bezeichnen.

Kohl stärkt die Immunabwehr, hilft der Leber bei ihrer Entgiftungsfunktion, wirkt wasserausschwemmend, beruhigt die Nerven und kann vor allem zur Krebsprophylaxe empfohlen werden. Grünkohl soll mindestens einmal in der Woche auf den Tisch kommen.

**Rosenkohl (Kohlsprossen)** ist ein wichtiges Wintergemüse. Beim Einkauf sollte man möglichst kleine, fest geschlossene Kohlröschen mit dunkelgrünen Blättern wählen. Kohlsprossen enthalten reichlich Kalium und Magnesium und die Spurenelemente Eisen und Jod. Sie sind besonders natriumarm und daher wichtig für die Ernährung bei hohem Blutdruck. Sie sind reiche Vitaminträger und enthalten besonders Betakarotin, B1, B2, B6, Folsäure und Niacin. Die Kohlsprossen werden mit Kümmel in Salzwasser weich gekocht und mit heißer Butter übergossen serviert. Geeignete Gewürze sind Petersilie und Zitronensaft.

**Kohlrüben** werden regional auch Steckrüben genannt. Ihre dicken großen Wurzeln haben ein gelblich orangefarbenes Fleisch. Sie sind reich an Ballaststoffen, enthalten viel Kalzium und die Vitamine B6, C und Folsäure, außerdem hochwertige Kohlenhydrate und Eiweiß. Sie sind besonders natriumarm. Zur Geschmacksverbesserung nimmt man Muskat, Ingwer, Paprika, Kümmel, Petersilie, Schnittlauch und Wermutkraut.

**Kohlrabi** sind die hellgrünen oder dunkelvioletten Knollen der Pflanze. Es besteht jedoch kein Unterschied im Geschmack und in den Inhaltsstoffen. Besonderen Nährwert haben die Kohlrabiblätter. Deshalb sollte man die zarten Innenblätter klein geschnitten und roh zur fertigen Zubereitung geben. Kohlrabi kann roh oder gekocht gegessen werden. Er eignet sich bestens für eine Rohkostplatte vor dem Hauptgericht. Wegen des hohen Nitratgehaltes sollte er nicht aufgewärmt werden. Von allen Gemüsearten hat Kohlrabi den höchsten Selengehalt. Er wird deshalb auch als Selenkugel bezeichnet. Selen ist ein wichtiger Radikalfänger. Zusätzlich enthalten die Knollen Kalzium, Kalium, Magnesium, Phosphor, Eisen, Jod, Kupfer und Mangan, außerdem Betakarotin, die Vitamine B1, B2, Niacin und sehr viel Vitamin C.

# GEMÜSE – WICHTIGE SÄULE DER KRETA-KOST

Der hohe Vitamin-C-Gehalt unterstützt die Immunabwehr und die Bildung der Knochengrundsubstanz. Kohlrabi wirkt bei Stress, Herzrhythmusstörungen und fördert die Entwässerung.

**Kraut** in seinen verschiedenen Spielarten wurde bereits im Altertum angebaut und zählt zu den wichtigsten Ernährungspflanzen. Das Verfahren, Kraut für den Winter haltbar zu machen, ist aus den Klöstern gekommen. Damit wurde die erste natürliche Konserve geschaffen. Sauerkraut enthält die Mineralstoffe Kalium, Kalzium, Phosphor und die Spurenelemente Kupfer, Mangan und Eisen sowie das wichtige Vitamin C und die Vitamine B6 und Folsäure. Die Milchsäure im Sauerkraut stabilisiert vor allem die Darmflora und ist gut für Magen und Darm. Personen mit zu wenig Magensäure und Senioren sollten regelmäßig Sauerkraut essen, da es die Verdauung und damit die Aufnahme von Biostoffen verbessert. Sauerkraut hat nur 17 Kalorien pro 100 Gramm und sollte deshalb bei Schlankheitsdiäten verwendet werden. Kraut stärkt das Kollagengewebe und die Knochenstruktur. Besonders Frauen sollten Sauerkraut mindestens einmal pro Woche essen. Pfarrer Kneipp hat stets ausdrücklich auf den gesundheitlichen Wert dieses Lebensmittels hingewiesen.

**Kürbis** wird in China »Kaiser des Gartens« genannt. Man unterscheidet Gemüsekürbisse, steirische Ölkürbisse und Zierkürbisse. Aus den Kernen der steirischen

Ölkürbisse wird das hervorragende Kürbiskernöl mit reichlich ungesättigten Fettsäuren gewonnen. Kürbisgemüse enthält Kalium, Kalzium, Phosphor, Magnesium und Eisen. Kürbis ist besonders reich an Betakarotin, Vitaminen der B-Gruppe, Niacin und Vitamin C. Kürbis zählt mit 27 Kalorien pro 100 g zu den kalorienarmen Gemüsen. Kürbis kann mit Dill, Curry, Ingwer, Knoblauch, Paprika und Petersilie gewürzt werden.

**Lauch** ist auch unter der Bezeichnung Porree, Winter- und Küchenlauch bekannt. Lauch ist wegen seines Senfölgehaltes ein wertvolles Gemüse. Das Senföl regt die Gallenproduktion und damit die Verdauung an. Durch diesen Prozess werden wertvolle Biostoffe aus der Nahrung aufgeschlossen und in den Körper aufgenommen.

Die Verdauung wird durch die Anregung der Gallenproduktion in der Leber verbessert; daher sollte man dieses wertvolle Gemüse bei allen fetthaltigen Speisen ergänzend einsetzen. Lauch enthält Vitamin C (Stärkung der Immunabwehr), Betakarotin und Vitamin B6. An Mineralstoffen sind Kalium, Phosphor, Magnesium und Eisen vorhanden. Lauch ist ballaststoffreich und kalorienarm (24 Kalorien pro 100 Gramm). Auf Grund der Besonderheiten sollte Lauch ständig in den Ernährungsplan einbezogen werden.

# DIE ORIGINAL-KRETA-DIÄT

**Okrabohnen** sind ein Gemüse, das im Mittelmeerraum und in den afrikanischen Ländern verwendet wird. Die hellgrünen, sechskantigen Früchte enthalten Ballaststoffe, Kalzium, Kalium, Magnesium, Phosphor, Eisen und die Vitamine C, B1, B2, Niacin und Betakarotin. Okra wird zusammen mit Melanzani, Maiskörnern und Tomaten zu einem Mischgemüse verarbeitet. Geeignete Gewürze sind Cayennepfeffer, Chilischoten, Knoblauch und Kresse.

**Auberginen** kommen aus dem tropischen Hinterindien, werden jedoch heute im gesamten Mittelmeerraum angebaut. Die eiförmigen, violetten bis schwarzen Früchte dürfen wegen des Giftstoffes Solanin niemals roh gegessen werden. Sie sind reich an Kalium, Kalzium, Phosphor, Magnesium, Eisen und den Vitaminen B1, B2, Niacin, C und Betakarotin. Sie schmecken gut in einer Mischung aus Paprikaschoten, Tomaten und Zucchini. Geeignete Gewürze sind Knoblauch, Paprika, Pfefferminze und Rosmarin.

**Paprikaschoten** kommen grün, gelb und rot auf den Markt. Sie sind das ganze Jahr über erhältlich. Wer will, kann auch die Kerne mitessen, die heute durch Züchtung im Geschmack entschärft werden. Wird Paprika roh gegessen, soll er erst kurz vor dem Servieren klein geschnitten und mit etwas Olivenöl angerichtet werden. Dadurch wird die Aufnahme von Betakarotin verbessert. Paprikaschoten enthalten die Vitamine B6, C, E und Betakarotin, die Mineralstoffe Kalium, Kalzium, Phosphor, Magnesium und Eisen. Der rote Paprika ist sehr wertvoll an Wirkstoffen, da er viel Vitamin C zur Stärkung der Immunabwehr enthält. Die Biostoffe bekämpfen die »Freien Radikale«. Besonders im Mittelmeerraum sagt man in der Volksmedizin den Paprikaschoten eine lebensverlängernde Wirkung nach. Die Wissenschaft kann heute auf Grund der Analyse der Biostoffe diese Wirkung bestätigen.

**Rote Rüben (Rote Bete)** sind apfelgroße Knollen mit purpurrotem Fleisch. Sie kommen aus dem Mittelmeerraum und werden seit dem 13. Jahrhundert in ganz Europa verwendet. Auf Grund ihrer Biostoffe zählen sie zu den wertvollsten Gemüsearten. Der Farbstoff Betanin vernichtet schädliche Bakterien und schützt besonders den Darm. Betanin unterstützt, in Verbindung mit Mangan, die Entgiftungsfunktion der Leber und den Gallenfluss. Die enthaltenen Biostoffe Eisen, Kupfer und Folsäure fördern die Blutbildung. Zusätzlich sind vorhanden: Kalium, Magnesium, Chrom, Zink und Selen. Glaubt man alten Volksweisheiten, dann soll der Genuss von Roten Rüben kranke und alte Zellen verjüngen. Besonders zu empfehlen ist der ständige Genuss vom Saft der roten Rüben. Damit kann man vielen Stoffwechselkrankheiten vorbeugen.

# GEMÜSE – WICHTIGE SÄULE DER KRETA-KOST

**Schwarzwurzeln** sind etwa 3 cm dicke, lange Stangen mit schwarzer, selten hellbrauner Haut. Die Wurzel ist reich an Mineralstoffen und Spurenelementen, besonders Eisen, Mangan und Kupfer. Die Leber wird in ihrer Entgiftungsfunktion durch Mangan unterstützt. Kupfer verhindert die Aufnahme von Blei im Körper.

**Spargel** gehört zu den ältesten Gemüsesorten des Mittelmeerraumes. Er war den Ägyptern schon vor 5.000 Jahren als Delikatesse bekannt. Spargel gehört zu den kalorienärmsten Gemüsesorten, er hat nur 17 Kalorien pro 100 Gramm. Er ist reich an Ballaststoffen und den Mineralstoffen Kalium, Kalzium, Magnesium und Phosphor. Sehr hohe Konzentrationen erreichen die Spurenelemente Mangan und Chrom. Eisen, Kupfer, Zink und Fluor sind ebenfalls enthalten.

Bei den Vitaminen schlägt die Folsäure, die für den Darm besonders wichtig ist, alle anderen Vitamine. Daneben enthält Spargel die Vitamine der B-Gruppe, C und E. Spargel schwemmt durch seinen hohen Kaliumgehalt Wasser aus und die Immunabwehr wird durch Vitamin C und Eisen gefördert. Die Spurenelemente Mangan und Kupfer verleihen dem Spargel einen Bleischutzcharakter, da sie dessen Aufnahme in den Körper blockieren. Auf Grund der Zusammensetzung ist Spargel ideal zur Gewichtsreduktion, weil er eine hohe Dichte an Biostoffen bei geringem Kaloriengehalt hat.

Wegen des Puringehaltes sollten Menschen mit hohen Harnsäurewerten keine Spargel essen.

**Spinat** müsste für seine Biostoffe eine Goldmedaille erhalten. An vorderster Stelle stehen die antioxidativen Vitamine C, E und Betakarotin, danach folgen die Vitamine der B-Gruppe, die Mineralstoffe Kalium, Kalzium, Natrium, Phosphor und die Spurenelemente Eisen, Chrom, Kupfer, Fluor und Jod. Das im Spinat enthaltene Eisen fördert den Zellaufbau und die Bildung der roten Blutkörperchen und damit auch die Sauerstoffversorgung des Gewebes. Chlorophyll – ein weiterer wichtiger Biostoff im Spinat – hat Krebs hemmende Eigenschaften. Besonders Kranke, Sportler und Jugendliche sollten regelmäßig Spinat essen. Wegen seines Nitratgehalte sollte Spinat nicht aufgewärmt werden.

**Mangold,** eine Abart vom Spinat, soll ebenfalls reichlich gegessen werden.

## DIE ORIGINAL-KRETA-DIÄT

**Sellerie,** ein Doldengewächs, wird als Stangen- und Knollensellerie angebaut. Sellerie ist eine wichtige Gewürz-, Salat-, Gemüse- und Suppenpflanze. Besonders in den Blättern findet man ein ätherisches Öl und in allen Pflanzenteilen sekundäre Pflanzeninhaltsstoffe, wie Asparigin, Cholin und Tyrosin. Er ist reich an Kalium, Kalzium, Natrium, Phosphor, Magnesium und Eisen, den Vitaminen Betakarotin, B1, B2, Niacin und C. Sellerie erhöht die Wasserabgabe im Organismus, scheidet giftige Stoffwechselprodukte aus und hat eine gute Wirkung bei Gicht, Rheumatismus, Steinbildung, aber auch bei Nervenschwäche und Depression. Auch die Sexualorgane werden günstig beeinflusst.

**Tomaten** gibt es in verschiedenen Formen und Größen: als Fleisch-, Eier-, Cocktail- und Kirsch-Rispentomaten. Sie enthalten sehr viel Betakarotin und Vitamin C sowie die wichtige Folsäure. Diese Vitamine sind besonders wichtig für Menschen, die viel Fleisch und Käse essen, und auch für Frauen, die die Pille nehmen.

Das Spurenelement Chrom und der sekundäre Pflanzeninhaltsstoff Biotin fördern den Zuckerstoffwechsel. Daneben sind Kalzium, Phosphor, Eisen, Jod und Fluor enthalten. Durch die vielen Biostoffe wird der Organismus vor Krebs und Herz-Kreislauf-Erkrankungen geschützt. Die Tomate ist daher ein wichtiges Gemüse für die Kreta-Diät. Sie hat nur 19 Kalorien pro 100 Gramm. Die Tomate, auch als Liebesapfel bezeichnet, soll vielseitig in der modernen Ernährung eingesetzt werden.

**Zucchini** zählen zu den Kürbisgewächsen. Sie wurden nach der Entdeckung Amerikas relativ rasch in den Mittelmeerraum gebracht und gehören zu den beliebtesten Gemüsearten. Sie enthalten reichlich Vitamin C, Betakarotin und Vitamine der B-Gruppe. An Mineralstoffen sind besonders Kalium, Kalzium und Phosphor vorhanden. Der Gehalt an Natrium ist sehr niedrig. Geeignete Kombinationen mit Auberginen, Tomaten, Zwiebeln und Knoblauch erhöhen den Ernährungswert dieses geschätzten Gemüses.

**Zwiebeln** in vielerlei Arten, die sich durch Größe, Form und Farbe unterscheiden, sind eine wahre Naturapotheke. Sie werden schon seit über 6.000 Jahren von den Menschen als Heil- und Gewürzpflanze geschätzt.
Zwiebeln enthalten Vitamin C und Vitamine der B-Gruppe, Mineralstoffe und Spurenelemente. Das, was ihren gesundheitlichen Wert ausmacht, sind vor allem schwefelhaltige, ätherische Öle, denen man eine Krebs hemmende Wirkung nachsagt. Zwiebeln senken den Cholesterinspiegel, fördern die

## GEMÜSE – WICHTIGE SÄULE DER KRETA-KOST

Darmflora und regen die Magensaftproduktion an.
Sie haben eine günstige Wirkung auf die Schleimhäute und sind besonders bei Erkältungskrankheiten zu empfehlen. Regelmäßig verzehrt, können Zwiebeln für die Gesundheit sehr förderlich sein.

**Knoblauch** hat ähnliche Eigenschaften wie die Zwiebel und zählt zu den ältesten Heil- und Gewürzpflanzen des Mittelmeerraumes. Das allicinhaltige Knoblauchöl wirkt

bakterientötend, blutfettsenkend, beeinflusst günstig den Cholesterinspiegel, erweitert die Blutgefäße und hat einen allgemein kräftigenden Effekt. Die Wirkstoffe des Knoblauchs durchdringen den gesamten Organismus und sind somit günstig für jede Zelle.

Knoblauch in jeder Art und Form sollte täglich dem Organismus zugeführt werden.

# Obst aus Kreta fördert den Stoffwechsel

Frisches Obst gibt es in Kreta zu jeder Mahlzeit als Obstsalat oder einfach zwischendurch. Äpfel, Beeren, Birnen, Feigen, Honigmelonen, Kirschen, Minibananen, Orangen, Pfirsiche, Weintrauben und die daraus getrockneten Rosinen sind sehr beliebt. Der hohe Verzehr von Obst je nach Jahreszeit ist eine der Grundlagen für die lang anhaltende Gesundheit der Kreter. Im Obst sind nicht nur Vitamine, Mineralstoffe, Spurenelemente und Ballaststoffe, sondern auch wertvolle Kohlenhydrate und sekundäre Pflanzeninhaltsstoffe enthalten. Das wichtigste Kohlenhydrat im Obst ist die Fruktose. Die Fruktose gelangt vom Darm ins Blut und wird anschließend von der Leber in Glukose umgewandelt und gespeichert. Kohlenhydrate liefern Energie und machen fit.

Die sekundären Pflanzeninhaltsstoffe entfalten im Organismus einen vielfältigen Schutz. Sie beugen Krebs vor, vernichten freie Radikale und stärken die Abwehrkräfte gegen Viren und Bakterien. Die Biostoffe des Obstes in ihrer Gesamtheit sorgen für einen optimalen Stoffwechsel und schützen vor zu hohen Cholesterin- und Harnsäurewerten.

Jede einzelne Obstsorte hat eine spezielle Zusammensetzung und ist ein wichtiger Wächter für die Gesundheit.

## OBST AUS KRETA FÖRDERT DEN STOFFWECHSEL

Der **Apfel** ist der König der Früchte, er fördert den gesamten Stoffwechsel und nicht umsonst heißt es: »Täglich einen Apfel hält den Doktor fern.«

**Beeren** reinigen Darm und Blut; Heidelbeeren sind wichtig bei Darmkrankheiten, schwarze Johannisbeeren helfen bei Rheuma und Gicht.

**Birnen** sind besonders zum Abnehmen geeignet.

**Feigen,** frisch oder getrocknet, wirken abführend und liefern Energie.

**Kirschen** wirken günstig auf den Magen-Darm-Trakt.

**Melonen** haben wenig Kalorien und fördern den gesamten Stoffwechsel.

**Minibananen** verhindern Gärungen im Darm und helfen bei akuten Verdauungsstörungen.

**Orangen** sind wertvolle Vitamin-C-Spender und stärken die Leistungsfähigkeit.

**Pfirsiche** fördern die Verdauung und werden bei fiebrigen Erkrankungen sehr geschätzt.

**Pflaumen** wirken bei Darmträgheit und Kreislauf-Erkrankungen.

**Weintrauben** können besonders bei Leber-, Nieren- und Darmkrankheiten zur Traubenkur verwendet werden. Weintrauben liefern Energie, machen fit und sind wichtig für die Blutbildung

Obst ist wichtig für alle Menschen; besonders für Sportler und stressgeplagte Berufstätige, daher soll Obst im täglichen Ernährungsprogramm nicht fehlen.

# Auf Kreta – Salate wertvoll und erfrischend

Ob als Beilage, Vorspeise oder zwischendurch, Salate werden von den Kretern oft und gerne gegessen.

Sie erkannten schon frühzeitig den hohen Gesundheitswert der Salate für Wohlbefinden und Verdauung – sind sie doch reich an Vitaminen, Mineralstoffen, Spurenelementen, sekundären Pflanzeninhaltsstoffen und wertvollen Ballaststoffen. Besonders die Ballaststoffe fördern die Verdauung und somit den gesamten Stoffwechsel.

Zur Bereitung von Salaten verwendet man auf Kreta Gemüse, Obst, Keimlinge, Sprossen, aber auch Fische, Meerestiere, Käse, Eier, Nudeln und Getreideprodukte. Wichtige Salatsorten sind der Romana, Radicchio und die milde Chicorée – fast jede Mahlzeit beginnt damit.

Am bekanntesten ist der Bauernsalat aus Tomaten, Gurken, Zwiebeln, Oliven und Feta. Die Kreter essen ihn besonders gerne mit in Olivenöl getunktem Brot.

# Kreter: Gespür für Eiweißnahrung

Die Zellen des menschlichen Organismus bestehen aus Eiweiß. Es ist in den Knochen, Gelenken, Muskeln, im Blut, Gehirn, in den Enzymen und Hormonen.

Eiweiß ist der Nahrungsbestandteil, der über gute Laune, ein starkes Immunsystem und jede Menge Power entscheidet. Ein guter Eiweißspiegel ist ein wichtiger Schlüssel zum Erfolg.

Bei einem Bluteiweißgehalt von
- 6 Gramm/Deziliter fühlt man sich müde und ohne Energie;
- 7 Gramm/Deziliter geht es den Menschen gut;
- 8 Gramm/Deziliter fühlt man sich wohl.

Der Hauptbestandteil der Eiweißbausteine sind im Wesentlichen 24 Aminosäuren. Acht davon sind essentiell, d. h. sie müssen mit der Nahrung zugeführt werden, da der Mensch sie nicht selbst herstellen kann.

Essentielle Aminosäuren sind enthalten in Milchprodukten, Hühnereiern, Fleisch, Fisch, Geflügel, Wild und teilweise in Hülsenfrüchten. Reine Vegetarier haben ein Eiweißdefizit.

Die biologische Wertigkeit (BW) bestimmt die Qualität der Eiweißquelle oder, anders ausgedrückt, die Qualität eines Nahrungseiweißes hängt davon ab, wie gut der Körper daraus sein eigenes Zellmaterial

## KRETER: GESPÜR FÜR EIWEISSNAHRUNG

| Für den Menschen essentiell sind folgende 8 Amino-Säuren: | |
|---|---|
| Name | Abkürzung |
| Isoleucin | Ile |
| Leucin | Leu |
| Lysin | Lys |
| Methionin | Met |
| Phenylalanin | Phe |
| Threonin | Thr |
| Tryptophan | Try |
| Valin | Val |

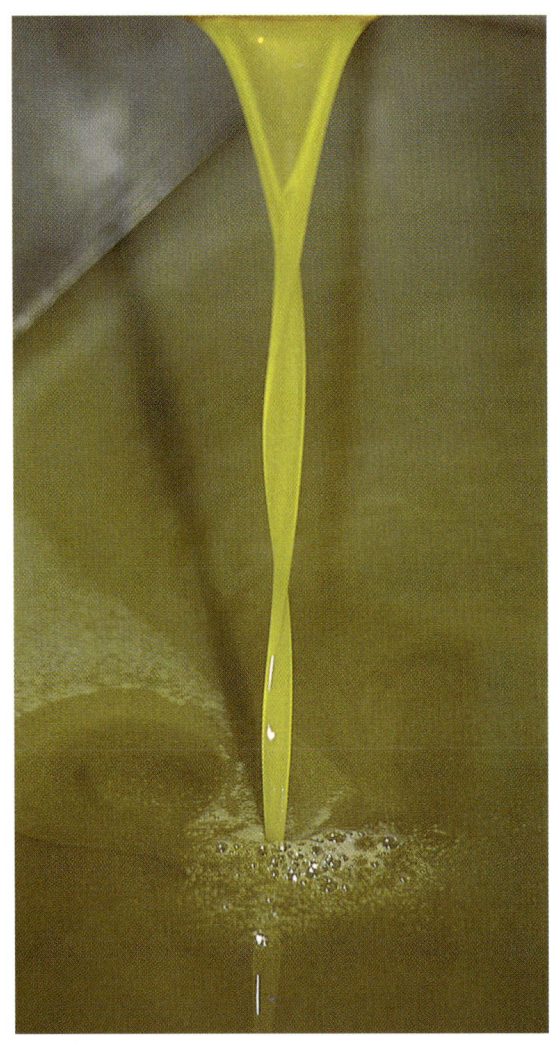

Zellen bilden kann. Das wertvollste Eiweiß liefern Eier. Sie haben einen BW von 100 %, Fleisch, Geflügel und Soja haben ca. 80 %, Milch 72 %, Bohnen 70 %, Mais, Reis, Weizen von 47 bis 70 %.

Die Kreter gehen auf Grund ihrer jahrhundertelangen Lebens- und Ernährungserfahrung mit Eiweißnahrung sehr sorgfältig um. Eine besondere Rolle spielt das Fleisch. Als Spezialität werden Schnecken sehr geschätzt.

Eine wichtige Vorspeise sind die mit Fleisch und Reis gefüllten Weinblätter, Dalmedos genannt.

# Auf Kreta – Fleisch für festliche Mahlzeiten

Fleisch war für die Kreter schon immer etwas Besonderes. Wer das Glück hatte, in den Bergen Wild zu erjagen, der teilte es mit Freunden.

Das Huhn im Topf gibt Kraft und in kleinen Mengen werden zu den Festtagen Lamm-, Hammel-, Ziegen- und Schweinefleisch gegessen. Rind- und Kalbfleisch sind hingegen selten. Lammfleisch schätzen die Kreter mehr als jedes andere Fleisch.

Die Zubereitung von Fleischspeisen auf Kreta ist sehr vielfältig. Es wird gegrillt, gebraten, gedünstet, zusammen mit reichlich Gemüse als Beilage oder als Zutat in Aufläufen und Pasteten genossen.

Fleisch ist einerseits eine wichtige Versorgungsquelle für hochwertige Eiweißstoffe und ein Lieferant von Vitaminen, Mineralstoffen und Spurenelementen und enthält andererseits einen hohen Anteil an gesättigten Fettsäuren und reichlich Cholesterin. Beide werden für die Entstehung von Herz-Kreislauf-Erkrankungen maßgeblich verantwortlich gemacht. Fleisch, besonders Schweinefleisch, enthält viele Purine, die die Entstehung von Gicht begünstigen.

Fleisch ist ein unendlich wichtiges Grundnahrungsmittel und ein wertvoller Kraftspender für alle aktiven Menschen. Es liefert hochwertiges Eiweiß, das besonders für den Muskelaufbau unentbehrlich ist. Sportler schätzen Fleisch als Power-Produkt. Heute gelingt es – besonders bei Rindern und Schweinen –, durch Züchtungen mageres Fleisch zu bekommen. Man soll auf Fleisch in der Ernährung nicht verzichten, es jedoch dosiert und mit vielen Beilagen genießen. Mit ihrem geringen Fleischverzehr haben die Kreter, ohne dass es ihnen bewusst war, ihrer Gesundheit einen wertvollen Dienst erwiesen.

Rindfleisch ist ein wichtiger Bestandteil von Mussaka.

# Auf Kreta: Fische – das heißt Gesundheit pur

Die Kreter sind ein Inselvolk und daher mit dem Meer verbunden – auch in der Ernährung. Allerdings findet man in Kreta Fische wesentlich seltener auf der Speisekarte, als man allgemein erwartet. Mit dem Fischbestand in der Ägäis wurde jahrelang durch die Dynamitfischerei Raubbau getrieben. So ist Fisch heutzutage auf Kreta teurer als Fleisch! Er steht nur ein- bis zweimal in der Woche auf dem Speiseplan.

Besonders beliebt sind Schwert- und Tintenfische, Seeteufel, Seezunge, Brasse und Sardinen. An Meerestieren schätzt man Krabben, Hummer und Oktopus, seltener Scampi und Langusten. Fische sind nahrhaft und Herz-gesund.

Sie enthalten ca.
- 14 – 19 % hochwertiges Eiweiß,
- 4 – 24 % Fett mit wertvollen Fettsäuren, besonders Omegafettsäuren,
- keine Kohlenhydrate,
- 1 – 1,5 % Mineralstoffe und Spurenelemente, besonders Kalzium, Phosphor und Jod, das besonders für die Schilddrüsentätigkeit wichtig ist,
- 58 – 80 % Wasser.

Man unterscheidet Fett- und Magerfische, Meeres-, Fluss- und Seefische. Fische besitzen nur wenig und lockeres Bindegewebe. Durch den hohen Wassergehalt und das lockere Gefüge verderben Fische sehr rasch.

Das zersetzte Eiweiß kann schwere Vergiftungen hervorrufen. Beim Einkauf ist darauf zu achten, dass sie einen frischen Geruch, pralles Fleisch und fest sitzende Schuppen haben.

Kreter bereiten Fisch gerne mit Okrabohnen und Zucchini zu und grillen oder braten ihn im Ofen.

# Getreide – Urnahrung auf Kreta

Viele Jahrtausende v. Chr., beim Übergang von der Jagdwirtschaft zur Agrarwirtschaft und zur Sesshaftigkeit, gelang es den Menschen, aus Wildgräsern Getreide zu züchten. Gerste und Weizen zählen zu den ältesten Getreidearten des Mittelmeerraumes; ist doch die Gerste das älteste Getreide der Menschheit überhaupt.

Auf Kreta stammen die ersten Spuren menschlicher Besiedelung bei Knossos und Phaistos. Die ersten Siedler brachten aus Kleinasien Getreidekörner mit – betrieben Getreideanbau und verehrten bereits eine Fruchtbarkeitsgöttin.
Während der Zeit der Palastgesellschaften 2.000 bis 1.400 v. Chr. – der ersten europäischen Hochkultur (als Minoische Kultur bezeichnet) wurden Gerste und Weizen in Vorratstongefäßen gelagert und waren wichtige Hauptnahrungsmittel. Besonders Weizen wurde wegen des Geschmackes und der guten Verdaulichkeit von vornehmen Ständen sehr geschätzt.

In der »Ilias« wird Gerste als das Korn der Göttin Demeter beschrieben. Gerste wurde von den Griechen als »Mark der Männer« bezeichnet und war sowohl bei den Philosophen als geistiges als auch bei den Kriegern und Athleten als körperliches Kräftigungsmittel geschätzt.

Getreidespeisen, Fladen und Vollkornbrot wurden für die Kreter unverzichtbare Grundnahrungsmittel. Sie sagten: »Für den Magen sind die Kornspeisen die Fäden, das Brot aber ist der Webstuhl.«

Vollkornbrot ist eine Brotsorte, die aus mindestens 90 % Vollkornmehl besteht.

Brot essen die Kreter zu jeder Mahlzeit – und das schon seit der Minoischen Zeit. Meist besteht es aus Weizen- und Gerstenmehl, das mit Wasser, Honig und Milch

# GETREIDE – URNAHRUNG AUF KRETA

geknetet wird. Es wird im Ofen oder auf dem Grill gebacken, aber auch auf Kohlen in Tongefäßen gebraten.

Zur Herstellung wurde und wird das volle Korn vermahlen, sodass wertvolle Inhaltsstoffe erhalten bleiben. Die Kreter erkannten sehr bald den hohen Gesundheitswert des Korns. Nicht umsonst sagte der bekannte Ernährungsprofessor W. Kollath: »Das Korn stellt in seiner geschlossenen, harmonisch ausgewogenen Ganzheit ein natürliches Gebilde dar, das vielleicht das vollkommenste Nahrungsmittel ist, das die Natur uns bieten kann.«

Die wichtigsten Inhaltsstoffe im Getreide sind die komplexen Kohlenhydrate, vor allem Stärke und Dextrine. Sie sind als Energieträger von großer Bedeutung. Nach den Kohlenhydraten nimmt Eiweiß mit einem Anteil von 10 bis 12 % den zweiten Platz unter den Inhaltsstoffen ein. Weizenmehl enthält Klebereiweiß (Gluten), eine gummiartige Eiweißsubstanz, die mit Wasser quillt und beim Kneten eine elastische Masse bildet.

Das Getreide und die daraus hergestellten Vollwertprodukte sind wichtige Vitamin- und Mineralstoffquellen. Bei den Vitaminen sind es vor allem die Vitamine der B-Gruppe, besonders B1, B2, B6 und das Niacin. Auch das Vitamin E, der Zündfunke des Lebens, ist in beträchtlichen Mengen vorhanden.

Bei den Mineralstoffen ist es besonders der Gehalt an Kalium, Kalzium, Magnesium, Phosphor und Chlor, bei den Spurenelementen Eisen, Mangan und Selen, die das Getreide für die Gesundheit so wertvoll machen.

Der Mineralstoffgehalt des Korns wird auch für die Typisierung des Mehles herangezogen. Die Mehltype bezeichnet den mittleren Mineralstoffgehalt in mg pro 100 g Mehl; demnach enthält Mehl der Type 1050: 1.050 mg Mineralstoffe pro 100 g Mehl. Dunkle Mehle haben hohe Typenzahlen.

Weizen- und Gerste-Vollkornprodukte tragen einen wesentlichen Teil zur Gesunderhaltung bei.

Später kamen in Kreta auch Nudeln und Reis dazu. Sie verfeinern Aufläufe, sind sättigende Beilagen oder raffinierte Füllungen. Die mit Reis gefüllten Weinblätter sind dafür ein Paradebeispiel.

Der in Kreta verwendete Naturreis ist ein Gesundheitselixier. Er hat einen ungewöhnlich hohen Prozentsatz an Kalium, viel Kalzium und Magnesium, Kupfer, Phosphor, Mangan, Fluor und Bor und enthält außerdem die Vitamine B1, B2, B6, Inosit, E und die Pantothensäure. Wer ständig Naturreis isst verbessert Nerven und Dynamik.

# Fit und schön mit Kreta-Milchprodukten

Jogurt, Topfen und Käse tragen wesentlich zum guten Gesundheitszustand der Kreter bei, denn sie liefern reichlich Kalzium für die Knochen und enthalten hochwertiges Eiweiß. Jogurt enthält außerdem Milchsäurebakterien, die sich positiv auf die Darmflora auswirken.

Jogurt schätzt man seit Urzeiten auf Kreta. Ob als Heilmittel, Wundermittel zur Schönheit oder Speise der Götter. Jogurt hat eine lange Tradition.

Es verhalf Stammvater Abraham zu biblischem Alter und Homers Helden von Troja zu sagenhaftem Mut. Auf Kreta wird Jogurt aus Schaf-, Ziegen- und Kuhmilch zubereitet. Aus Milch entsteht Jogurt, wenn der enthaltene Milchzucker durch Milchsäurebakterien in Milchsäure umgewandelt wird.

Es entstehen rechts- und linksdrehende Milchsäure. Am besten lässt sich vom Organismus die rechtsdrehende Milchsäure aufnehmen. Die linksdrehende Milchsäure wird langsam im Organismus abgebaut und entfaltet dann ihre positive Wirkung. Die im Jogurt vorhandenen Milchsäuren dienen als Energiequelle für die Skelett- und Herzmuskulatur, aktivieren die Atmungsintensität der Gewebe von Gehirn, Niere und Leber, entgiften den Körper durch ihre verdauungsfördernde Wirkung und sind entzündungshemmend. Der im Jogurt enthaltene Milchzucker wirkt mild abführend und hilft, die gesunden Darmbakterien zu erhalten.
Jogurt ist ein wichtiger Eiweißlieferant. Das besonders leicht verdauliche Eiweiß ist für Magenkranke wichtig.

Die im Jogurt vorhandenen Milchsäurebakterien erleichtern die Aufnahmen von wichtigen Vitaminen und Mineralstoffen und helfen, gesunde Darmbakterien zu erhalten. Bei der Einnahme von Antibiotika ist es besonders wichtig, danach Jogurt zu verzehren, denn Antibiotika bekämpfen nicht nur Infektionen, sie zerstören auch lebenswichtige Mikroorganismen im Darm.

# FIT UND SCHÖN MIT KRETA-MILCHPRODUKTEN

> **TSATSIKI =**
> Jogurt mit fein geraspelten Gemüsegurken und viel, viel Knoblauch.

**Je nach Herstellung enthalten 100 g Jogurt**

- aus Vollmilch
  3,5 % Fett . . . . . . . . . . 61 Kalorien
- aus fettarmer Milch
  1,5 % Fett . . . . . . . . . . 44 Kalorien
- aus Magermilch
  0,3 % Fett . . . . . . . . . . 32 Kalorien

Das aus Magermilch gewonnene Jogurt enthält ein besonders leicht verwertbares Kalzium. Man stellt heute aus Magermilch-Jogurt ein erfrischendes Getränk für Zwischenmahlzeiten her.

Für eine gesunde Ernährung ist Jogurt ein unentbehrlicher Bestandteil. Es ist wichtig für die Verdauung und hilft, Stoffwechselbeschwerden vorzubeugen. Jogurt ist nicht nur ein Heilmittel von innen, sondern kann auch äußerlich für Masken und Packungen zur Reinigung und Pflege von Gesicht und Körper verwendet werden.

Quark (Topfen) entsteht durch die natürliche Säuerung und Entmolkung der Milch. Er nimmt überall, wo Milch- und Viehwirtschaft betrieben wird, eine wichtige Stellung als Nahrungs-, Arznei- und Schönheitsmittel ein. Der menschliche Organismus profitiert vor allem von der einzigartigen Nährstoffzusammensetzung des Topfens.

**100 g Magertopfen enthalten**

| 2,5 – 3,0 % | Milchzucker (Laktose) |
| 0,6 % | Mineralsalze, besonders Kalzium |
| 1,0 % | Milchsäure |
| 15,0 % | Eiweiß mit allen essentiellen Aminosäuren, wasserlösliche Vitamine der B-Gruppe und die fettlöslichen Vitamine A und D |

Das im Topfen enthaltene Milchfett stabilisiert das Produkt und ist besonders wichtig für eine ausgewogene Ernährung.

**Topfen ist wichtig**

- für Kinder im Wachstum,
- zur Vorbeugung von Osteoporose,
- bei Bluthochdruck und Infarktgefahr und
- bei Magenverstimmungen.

Pfarrer Kneipp hat in seinen Ernährungstherapien dem Topfen, der auch sehr preisgünstig ist, eine besondere Stellung zugewiesen.

Äußerlich verwendet man Topfen für Wickel und Auflagen. Sie sind besonders zu empfehlen bei Fieber, Entzündungen, Halsschmerzen, Verstauchungen, Schlafstörungen, Muskelschmerzen, Venenerkrankungen, Sonnenbrandschäden usw.

Topfen ist deshalb so beliebt, weil er eine geringe Reizwirkung hat und stark kühlt. Topfen regt die Durchblutung an, wirkt abschwellend und schmerzlindernd.

# Kreta-Honig – Naturarznei für Wohlbefinden und Fitness

Auf Kreta wird Honig seit Jahrhunderten verwendet. Man nannte ihn den Nektar der Götter. Er war jahrhundertelang das einzige Süßungsmittel.

Naturbelassener Honig ist mehr als nur süß. Die besonderen Wirkstoffe räumen dem Honig in der menschlichen Ernährung eine Sonderstellung ein. Über 20 verschiedene Zuckerarten, wertvolle Biostoffe, Vitamine, Mineralstoffe, Spurenelemente, Hormone, Inhibine, Enzyme und Duftstoffe machen Honig zu einem hochwertigen Lebensmittel und natürlichen Arzneimittel. Als Energiespender wirken der nicht isolierte Frucht- und Traubenzucker.

Traubenzucker ersetzt sofort die verbrauchte Energie. Der Fruchtzucker wird insulinabhängig in der Leber als Glykogen gespeichert.

Die Vitamine – besonders der B-Gruppe – sind wichtig für den Kohlenhydratstoffwechsel und die Eisenausnützung.

Die Enzyme, Mineralstoffe und Aminosäuren sind wertvoll für das Stoffwechselgeschehen, die Aromastoffe wirken stimulierend.

Auf Kreta werden vorwiegend Blüten- und Thymianhonig verwendet. Thymianhonig stärkt nicht nur die Energie, sondern fördert auch die Denkkraft.

# KRETA-HONIG – NATURARZNEI FÜR WOHLBEFINDEN

Baklava, in vielen Spielarten, besteht aus Blätterteig, Nüssen und Honig (Rezept auf Seite 94).

Honig wird auf Grund seiner Wirkstoffe für die Schönheitspflege und als Hausmittel verwendet. Wer die Wirkstoffe des Honigs für sich in Anspruch nehmen will, dem ist anzuraten, an Stelle von Zucker möglichst viel Honig in der Küche zu verwenden und viele Köstlichkeiten aus Honig zuzubereiten.

Das Urnahrungsmittel Honig kann durch nichts ersetzt werden.

Bezugsquelle für Thymianhonig:
Bienenland Kärnten, 9020 Klagenfurt, Waagplatz 7, Tel. + Fax: 04 63 / 50 14 21
(Aus Deutschland: 0043-4 63 / 50 14 21)

**Honig**

- beruhigt das Herz und bekämpft Gefäßkrankheiten,
- unterstützt die Leber bei ihrer Aufgabe,
- lindert Magen- und Darmbeschwerden,
- desinfiziert bei Harnwegsinfektionen,
- tötet Bakterien und ist wichtig für die Zellen,
- beruhigt die Lunge bei Husten und Bronchitis,
- beinhaltet wertvolle Nähr- und Aufbaustoffe für die Nervenzellen,
- hilft bei Schlafstörungen und
- fördert das Funktionieren des gesamten Organismus.

# Kreter sagen: Kräftig würzen – länger leben

Richtig zubereitete Kreta-Speisen
- sehen appetitlich aus,
- duften anregend,
- schmecken gut und
- sind leicht verdaulich.

Das Geheimnis dafür sind die speziellen Kreta-Gewürze. Frische Kräuter sind ein absolutes »Muss« in der kretischen Küche.

Es gibt kaum ein Gericht ohne die kleinen Würzwunder mit ihren herrlichen Aromen. Der kretische Kräutergarten ist vielseitig und wird oft als Bauerngarten gestaltet.

Viele Gewürzpflanzen wachsen wild und locken allein durch ihren Duft den Kräutersammler an.

Würzen nennt man das Beigeben von Pflanzenprodukten, frisch oder getrocknet, zerkleinert oder ganz, zu Speisen, mit dem Ziel Geruch, Geschmack und Aussehen der Speisen derart zu beeinflussen, dass sie zum Genuss einladen und bekömmlicher werden. Gewürzpflanzen enthalten als wichtige Inhaltsstoffe ätherische Öle, sehr oft kombiniert mit Bitterstoffen, und reichlich sekundäre Pflanzeninhaltsstoffe.

## KRETER SAGEN: KRÄFTIG WÜRZEN – LÄNGER LEBEN

### In Kreta stehen eine Reihe von Gewürzpflanzen zur Verfügung

**Basilikum** ist süßlich und zugleich pfeffrig. Die zarten Blätter werden nur frisch verwendet. Sie sind besonders geeignet für Salate, Nudelsoßen, Gemüse und spezielle Tomatengerichte.

**Dill** wird nur als frisches Kraut verwendet. Die fein gefiederten Dillblätter duften und schmecken angenehm würzig. Dill schmeckt zu vielen Salaten, Soßen und mit Butter oder Topfen vermischt vorzüglich zu frischem Brot oder Kartoffeln.

**Estragon** wird vorwiegend frisch verwendet. Sehr beliebt ist der Estragon-Essig und -Senf.

**Fenchel** wird in Form gemahlener Samen oder in ganzen Körnern verwendet. Er ist ein beliebtes Gewürz für Fischgerichte, Salate, Suppen und Gemüsespeisen. Vollkornbrot bekommt durch Fenchel eine besonders würzige Note. In der Volksmedizin wird Fenchel eine lebensverlängernde Wirkung zugesprochen.

**Knoblauch** zählt zu den ältesten Heil- und Gewürzpflanzen des Mittelmeerraumes. Das allicinhaltige Knoblauchöl wirkt bakterientötend, blutfettsenkend, beeinflusst den Cholesterinspiegel günstig, erweitert die Blutgefäße und hat einen allgemein kräftigenden Effekt. Die Wirkstoffe des Knoblauchs durchdringen den gesamten Organismus und sind somit günstig für jede Zelle. Knoblauch in jeder Art und Form sollte dem Organismus täglich zugeführt werden.

**Majoran** hat einen stark aromatischen Duft – der Geschmack ist würzig und leicht bitter. Mit Majoran würzt man vorwiegend Hülsenfrüchte, Hammelfleisch, fettes Geflügel und Fleischspeisen. Getrockneter Majoran behält sehr lange seine volle Würzkraft.

**Oregano,** auch wilder Majoran genannt, wirkt appetitanregend und galletreibend. Das getrocknete Kraut oder die getrockneten Blätter verwendet man zum Würzen von Tomaten-, Auberginen- und Zucchinigerichten, Kartoffelsuppe, Braten und Kräutermischungen.

## DIE ORIGINAL-KRETA-DIÄT

 **Petersilie** enthält in allen Pflanzenteilen ein verdauungsförderndes, ätherisches Öl. Die Blätter enthalten noch zusätzlich Magnesium und Eisen. Die Vitamine Betakarotin und C wirken als Radikalfänger. Besonders geeignet für Salate, Suppen, gedünstetes Gemüse, Grillfleisch und Braten.

 **Salbeiblätter** haben in der mediterranen Küche eine fixen Platz. Sie sind besonders geeignet für Geflügel, Hammelfleisch, Lammbraten, Kalbsschnitzel und spezielle Fischspeisen.
»Alle Speisen mit Salbei sind lieblich und gesund, sie machen potent und jung.«

 **Rosmarin** ist eine typische Mittelmeerpflanze. Sie wirkt nervenstärkend, galletreibend und appetitanregend. Die frischen oder getrockneten Blätter verwendet man für Suppen, gekochte Kartoffeln, Teigwaren, Gemüse, Salate, Fisch- und Fleischgerichte.

 **Thymian** in kultivierter und wilder Form hat eine stark keimtötende Wirkung, die vom Thymol ausgeht. Das Kraut verwendet man zum Würzen von Hülsenfrüchten, Salaten, Fischgerichten, Gemüse und Geflügel. Sehr wichtig auf Kreta ist der Thymianhonig. Als Tee oder Thymiansirup eignet sich die Pflanze gegen Husten.

 **Zitronenmelisse** und verschiedene Minzarten haben ein besonderes Aroma. Sie sind besonders geeignet für Salate, Obstsalate, Bowlen und sommerliche Cocktails.

> **Viele Gewürze sind Heilpflanzen.**
> **Viele Heilpflanzen sind Gewürze.**

# Auf Kreta gilt: Essen und Trinken halten Leib und Seele zusammen

Die Verdauung nach einem guten Essen funktioniert nur, wenn man genügend trinkt. Auf Kreta gibt es, einschließlich der Zwischenmahlzeiten, vier bis fünf Mahlzeiten täglich. Zum Wohlbefinden benötigt man außerdem 2 bis 2 1/2 Liter Flüssigkeit. Am besten sind reines Quell- und Mineralwasser, Kräutertees, Gemüse- und Obstsäfte und ein bis zwei Glas Rotwein. Im Rotwein sind sekundäre Pflanzeninhaltsstoffe, besonders Antocyane, Flavonoide und Phenole enthalten, die sich auf den Kreislauf günstig auswirken und die Blutfettwerte verringern. Weiters werden im Organismus »Freie Radikale« unschädlich gemacht, die an der Entstehung von Arteriosklerose, Krebs und vielen anderen Krankheiten beteiligt sind. Viele der positiven Wirkungen des Rotweins kann man sich auch durch blauen Trauben- oder Beerensaft, besonders Heidel- und Brombeersaft, sichern, wobei neue Studien davon ausgehen, dass der Alkohol des Rotweins die Bioverfügbarkeit der sekundären Pflanzenstoffe verbessert. Die tägliche Menge von 2/8 Liter Rotwein sollte nicht überschritten werden. Neben dem Rotwein wird auf Kreta der geharzte griechische Wein »Retzina«, an den man sich erst gewöhnen muss, getrunken. Außer Wein trinkt man auf Kreta durstlöschendes Bier und den Anisschnaps Uozo, der besonders als Aperitif, mit Wasser verdünnt, geschätzt wird.

Wohl tuend nach dem Essen ist ein Kaffee, der leicht mit wenig Zucker, leicht und süß oder stark mit wenig Zucker getrunken wird. In den meisten Tavernen und Kafeneions erhält man Pulverkaffee, der kalt als Frappe serviert wird. Kafeneions sind eine Mischung aus Kaffeehaus und Kneipe. Sie sind ein wichtiger Kommunikationsort und Umschlagplatz für Nachrichten. Wie überall üblich in Griechenland können die Männer dort stundenlang auf drei Stühlen sitzen; einen für die Sitzfläche und je einen links und rechts zum Aufstützen der Arme.

**Rotwein – das richtige Quantum schützt. In Vino sanitas.**

# Auf Kreta: Meersalz – ein wichtiges Würzmittel

Seit der Einwanderung des Menschen auf Kreta wird Salz in Salzgärten gewonnen. Meerwasser wird in flache Becken geleitet; Sonne und Wind sorgen für Verdunstung, das Meer-Salz kristallisiert aus und wird teilweise fein gemahlen.

Kreta-Meersalz besteht aus rund 95 % Natriumchlorid (NaCl), der Rest aus Kalium, Magnesiumchlorid, Kalziumsalz und als wichtiges Spurenelement Brom.

Zur Verbesserung der Rieselfähigkeit wird Magnesiumkarbonat zugesetzt. Natrium und Chlor sind für den Menschen essentielle Stoffe, d. h. sie müssen regelmäßig mit der Nahrung zugeführt werden. Natrium ist wichtig für den Flüssigkeitsausgleich, die Muskeltätigkeit, Nervenimpulse, Entgiftung und Verdauung.

Chlor ist wichtig zur Bildung der Magensäure und für Gelenke und Sehnen. Aus Gesundheitsgründen sollte die tägliche Salzzufuhr von 6 Gramm nicht überschritten werden, steckt doch bereits in Brot, Backwaren, Geselchtem, Wurst, Käse, Suppenwürfeln und Konserven sehr viel Salz.

Ganz ohne Salz geht es nicht. Durch starkes Schwitzen, Saunabesuche, Leistungssport, Schwerarbeit usw. kommt es zu starken Salzverlusten. In schweren Fällen kann es zu Schwindel, Krämpfen und Schocks kommen. Übermäßiger Salzgenuss führt zu erhöhtem Blutdruck und Störungen des osmotischen Druckes.

Das im Meersalz enthaltene Magnesium ist wichtig für Nerven, Muskeltätigkeit und Zellenergie. Das Spurenelement Brom beruhigt und entspannt. Ein mit Algen angereichertes Meersalz ermöglicht eine natürliche Jodzufuhr. Jodiertes Salz wirkt auf die Schilddrüse und verhindert Kropfbildung. Meersalz ist eine geschmacksgebende Komponente und bringt Aromen besser zur Geltung. Wegen der Fähigkeit, Wasser zu binden und somit die Entwicklung von Mikroorganismen zu hemmen, ist Salz seit Jahrhunderten ein wichtiges Konservierungsmittel für Lebensmittel. Man sollte nur jodiertes Salz verwenden.

**Salz – es darf etwas weniger sein!**

# Käse in der kretischen Küche

Auf Kreta wächst – bedingt durch das mediterrane Klima – eine große Vielzahl duftender Kräuter, besonders zwischen April und Juni bringt Kretas Boden einen üppigen Blütenteppich hervor. Von der großen Vielfalt der hier wachsenden Pflanzen gibt es 131 Arten ausschließlich auf Kreta!

Das mediterrane Klima bringt eine kurze kühlere Jahreszeit und eine lange trockene und heiße Periode, die – von den Urlaubsgästen besonders geschätzt – manchmal 4 bis 5 Monate anhält. Während dieser Zeit fällt kaum Niederschlag, daher ist Kreta nur für die Zucht besonders genügsamer Tiere geeignet: Schafe und Ziegen, die auf den natürlichen Wiesen weiden. Pestizide und chemische Dünger werden auf Kreta nicht verwendet.

Tierzucht, Käseerzeugung, Landwirtschaft und Olivenölgewinnung erfolgen in traditioneller Weise, so wie die Insel Kreta in vielen Dingen Vergangenheit und Gegenwart miteinander vereint. Weideflächen und Ackerland gibt es hauptsächlich im Südwesten der Insel, rund um die Stadt Ierapetra, während der Norden der Sonneninsel vom Tourismus überschwemmt wird – lautes hektisches Ferientreiben während des Sommers, gespenstische

Stille im Spätherbst und Winter. Durch das geophysikalische Profil, die besondere Vegetation und das extreme Klima ist die Milch der Schafe und Ziegen sehr nahrhaft und hat einen ganz besonderen Geschmack, der von der Vegetation der Region abhängig ist.

Dieser spezielle Geschmack der Milch führt auch zu ganz bestimmten Käsesorten, die für Kreta typisch sind. Strenge Hygiene-Vorschriften haben auch in Kreta längst Einzug gehalten und garantieren für die Qualität der Produkte.

Käse ist ein wichtiger Träger von hochwertigem Eiweiß mit vielen essentiellen Aminosäuren und lebensnotwendigem Kalzium für feste Knochen, starke Muskeln und einen kräftigen Herzschlag.

Käse wird durch die Gerinnung der Milch bei einer Temperatur von etwa 50 °C gewonnen. Es bildet sich der Käsestoff Kasein, aus dem die Molke abgeseiht wird. Die Käsemasse wird zu Stangen, Laiben oder Kugeln geformt, gesalzen und in Gärkellern der Reifung überlassen.

Die Unterscheidung der verschiedenen Käsearten erfolgt nach dem Geschmack, dem Fettgehalt und der verwendeten Milch (Kuh-, Schaf-, Ziegenmilch).

**Fett in der Trockenmasse (F. i. T.);**

- Rahmkäse mindestens 55 %
- Vollfettkäse mindestens 45 %
- Halbfettkäse mindestens 25 %
- Magerkäse weniger als 15 %

## Graviera Kritis

Er wird aus reiner pasteurisierter Schafmilch erzeugt, teilweise wird auch Ziegenmilch beigemengt, der Hauptbestandteil ist aber immer Schafmilch. Die Erzeugung folgt der Tradition der lokalen Käse-Hersteller. Für den Graviera Kritis wird Milch höchster Qualität benötigt.

Graviera ist ein exzellenter Käse und entwickelt während seiner dreimonatigen Reifezeit unter streng kontrollierten Bedingungen ein hervorragendes würziges, leicht salziges Aroma und eine feste, trockene Konsistenz, teilweise mit Rissen und Löchern. Die Farbe ist weiß bis gelblich.

Inhaltsstoffe: Fett in der Trockenmasse: mindestens 40 %

Salz: 2 %

## Feta

Feta ist ein weißer krustenloser Käse mit halbweicher Konsistenz. Er wird wegen der hohen Außentemperaturen in Griechenland in der Salzlauge aufbewahrt und kommt in quadratischer oder rechteckiger Form mit 1 oder 2 Kilogramm Gewicht in den Handel. Er ist weiß und hat kleine Löcher.

Feta wird aus Schafmilch hergestellt – auch gemischt mit Ziegenmilch bis zu einem Anteil von maximal 30 %. Die feine Fettverteilung und das geringe Molekulargewicht der Milch machen seine feine Konsistenz aus und bewirken den ganz typischen

## KÄSE IN DER KRETISCHEN KÜCHE

würzigen Geschmack – diesen Geschmack würde man nie mit Kuhmilch erreichen! Der Name Feta bedeutet auf Griechisch einfach »Stück«. Feta ist der Nationalkäse von Griechenland, er hat die sommerlichen Speisekarten aller Restaurants in Europa erobert.

Die Heimat des Feta liegt in Makedonien und Thrakien, in Thessalien und Zentralgriechenland, in Westgriechenland und auf dem Peloponnes sowie auf der Insel Lesbos.

Am besten genießt man ihn gut gekühlt bei einer Temperatur von etwa 15 °C, das Aroma kommt dann besonders gut zur Geltung.

Schon Homer beschrieb in seiner Odyssee den Schäfer und Käseerzeuger Poliphimos, 1898 wird Feta in Handelsbestimmungen auf der Insel Syros erwähnt.

Fett in der Trockenmasse: mindestens 43 %.

### Anthotiros

Anthotiros ist ebenfalls ein original kretischer Käse. Erhitzte Molke, die bei der Käseherstellung anfällt, wird mit Schaf- und Ziegenmilch verfeinert oder mit Sahne abgerundet. Qualität und Geschmack dieser Sorte werden sowohl von der Molke als auch von der Frischmilch bestimmt. Es gibt zwei Konsistenzarten – einen Frischkäse mit etwa 70 % Feuchtigkeit und einen Hartkäse mit etwa 40 % Feuchtigkeit, der nach dem Abgießen des Frischkäses mit Salz versetzt und kühl gelagert wird.

Fett in der Trockenmasse: mindestens 65 %.

Gerne essen die Kreter den Anthotiros, den sie in Honig tauchen und mit Weißbrot zum Frühstück genießen. Der Kefalatin, ein harter, würziger Schafkäse, und der topfenähnliche Mizithra sind ebenfalls sehr beliebt. Sie schmecken herrlich zu frischem Brot und einem Glas Rotwein.

*Seit Jahrhunderten ist die Beziehung der Kreter zum Olivenbaum tief verwurzelt in ihrem täglichen Leben.*

# Kreta – die Insel der Olivenbäume

Kreta ist die größte der griechischen Inseln mit einer Fläche von 8.336 km² und einer Geländeaufteilung von 30 % flachen Ebenen, 27 % hügeligem Gebiet und 50 % Gebirge. Das kultivierte Land hat eine Ausdehnung von 360.000 Hektar und belegt 37 % der Gesamtfläche der Insel. Den größten Ernteanteil stellen die Oliven mit 55 %.

Jeder Fremde ist beeindruckt, wie sehr in dieser Ecke des südöstlichen Mittelmeerraumes überall der Olivenbaum kultiviert wird. In der Nähe der Städte, auf den fruchtbaren Feldern, an den sonnigen Hügeln, aber auch auf den Bergen wachsen kleine und große, aber auch uralte Olivenbäume, mit ihren knorrigen, beeindruckenden Stämmen.

Die milden Winter mit den mäßigen Regenfällen und die lange, trockene Sommerzeit unterstützen das Wachstum und die Entwicklung des Baumes und ermöglichen eine reiche Ernte. Die Meereswinde sind sehr kalt und der warme Frühling, gefolgt vom langen, heißen Sommer, lässt die Bäume die ganze Kraft der Sonnenstrahlung aufnehmen.

Das milde Herbstwetter erlaubt den Früchten, sich mit Öl zu füllen. Die Menschen pflegen jeden einzelnen Baum, als sei er ein Mitglied ihrer Familie. Sie verbinden – in der Vergangenheit und auch heute – die Existenz der Olivenbäume mit ihrem täglichen Leben, ihrer Kultur, der Kunst und ihrer Ernährung.

# DIE ORIGINAL-KRETA-DIÄT

Kultivierte Oliven gehören zur botanischen Gruppe Sativa und diese zu einer Subspezies der Olea Europaea. Sie gedeihen im mediterranen Klima, mit heißen, trockenen Sommern und kühlen Wintern mit mäßigen Regenfällen.

Olivenbäume sind nicht sehr anspruchsvoll. Sie wachsen auch auf hartem, steinigem Boden, der für viele andere Pflanzenarten ungeeignet ist. Der Olivenbaum ist immergrün und braucht 5 – 8 Jahre, bevor er seine ersten Früchte trägt. Seine Lebenszeit kann über 600 Jahre betragen. Während seiner ganzen Lebenszeit trägt er Früchte. Es gibt mehr als 75 Olivensorten.

Es gibt zwei Ursprünge für den Begriff »Olive« – einen europäischen und einen arabischen.

*Die Frucht des Olivenbaumes*

Das Wort kann bis zum kretischen Wort »elaiwa« und dem semetischen »ulu«, welches im Lateinischen zu »oleum« wurde – zurückverfolgt werden. Das im Spanischen benutzte Wort »aceite« kommt von »zait«, abgeleitet aus dem arabischen »zaitum«.

## Zu welchem Zeitpunkt erschien der Olivenbaum im Mittelmeerraum?

Bis heute hat noch niemand diese Frage beantworten können, so als ob der Olivenbaum dieses Geheimnis für sich behalten will, als sei er so alt wie die Menschheit selbst, so unantastbar wie alle unerklärlichen Phänomene, so einzigartig und wertvoll wie nur ein Geschenk der Götter sein kann ...

Doch niemand kann an Griechenland denken, ohne automatisch vor seinem geistigen Auge den Olivenbaum zu sehen, den Baum, der dem Land Leben schenkt.

*Das Wunder des Olivenbaumes*

# KRETA – DIE INSEL DER OLIVENBÄUME

Der ionische Mythos beschreibt, dass Zeus, der Göttervater, die attische Halbinsel demjenigen der Götter oder Göttinnen versprach, der das originellste und zugleich nützlichste Geschenk bringen würde. Pallas Athene, die Göttin der Weisheit, gewann gegen Poseidon, da ihr Geschenk ein Olivenbaum war, Symbol für Frieden und Wohlstand. So gab die Göttin der Stadt Athen ihren Namen und der wertvolle Olivenbaum wurde an den heiligen Hängen der Akropolis angepflanzt. Die kretische Mythologie erzählt, dass Pallas Athene auf der Insel Kreta an der Mündung des Flusses Triton geboren wurde und dass sie den heiligen Baum dem Volk der Kreter geschenkt hat. Eine dritte Sage erzählt, wie Daktylos Herkules mit den minoischen Schiffen bis zum Peloponnes reiste, um den Olivenbaum an die Bewohner des Festlandes weiterzugeben.

Auch wenn das Heimatland des Olivenbaumes nicht genau bekannt ist, so wird doch allgemein angenommen, dass er aus den Ländern des östlichen Mittelmeerraumes stammt. Von dort wurde er in alle Länder rund um das Mittelmeer verbreitet. Ein ägyptischer Papyrus vom 12. Jhdt. v. Chr. spricht von einem Geschenk des Pharao Ramses III. an den Gott Ra.

In der Genesis war es ein kleiner Olivenzweig, den die Taube zur Arche brachte, um Noah zu zeigen, dass die Wasser der Sintflut zurückwichen. Der Olivenbaum gedeiht in Griechenland seit über 10.000 Jahren. Er war heilig und nach Solons Gesetz wurde jemand, der einen Oliven-

*Darstellung der Olivenernte auf einer attischen Amphore von 530 v. Chr.*

baum entwurzelte oder zerstörte, vor Gericht gestellt und bei Schuld zum Tode verurteilt.

Der Beginn der Kultivierung des Olivenbaumes war in der frühen Bronzezeit, also ca. 3.000 v. Chr.

Die kleinwüchsigen Minoer, bekannt als tüchtige Seefahrer, lernten die Nützlichkeit der Oliven bei den Völkern des östlichen Mittelmeeres kennen und brachten den Olivenbaum nach Kreta. Kreta war vielleicht der wichtigste Standort für die Verbreitung des Olivenbaumes.

Im milden Klima mit dem fruchtbaren Boden, dort wo eine der größten Kulturen der Welt am Wachsen war, fand die Olive

# DIE ORIGINAL-KRETA-DIÄT

*Jahrhundertealte Olivenhaine zeugen auf der ganzen Insel von der Präsenz des geheiligten Baumes.*

Dieser heilige Baum also, dessen Früchte von den alten und den neuen Göttern gesegnet sind, erwähnt von Homer und in den ägyptischen Papyrus, im Alten wie im Neuen Testament, aber auch im Koran, wurde das Symbol des Wissens, der Weisheit, des Wohlstandes, des Friedens, der Macht, der Schönheit und der Gesundheit, ein Symbol, das verehrt wurde und noch immer wird.

ihre Insel – sie »erblühte« und trug Früchte, aus denen man das wertvolle Olivenöl gewann.

Nirgendwo anders wurde dieser Baum so sehr verehrt. Die einzigartige Sammlung der archäologischen Funde, die in den örtlichen Museen ausgestellt werden, z. B. die Steinpressen, die Tonkrüge zur Aufbewahrung des Olivenöls, die Öllampen, die Darstellung des ganzen Baumes oder einzelner Zweige auf Tongefäßen oder Sarkophagen, im Speziellen die Darstellungen religiöser Zeremonien beweisen, dass der Olivenbaum eine wichtige Stellung im religiösen wie auch im gesellschaftlichen Leben der Minoer einnahm. Im minoischen Palast von Zakros wurde ein vollständiger, kegelförmiger Becher gefunden, gefüllt mit Oliven.

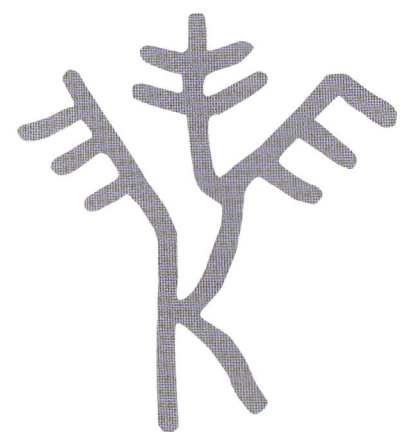

*Begriffszeichen (Linear-B-Schrift), den Olivenbaum und das Olivenöl repräsentierend.*

# KRETA – DIE INSEL DER OLIVENBÄUME

Im Altertum wurde das Olivenöl entweder pur oder aromatisiert mit Kräutern, Blumen und Gewürzen für die Körper- und Haarpflege benutzt.

Die Körper der Athleten wurden damit eingerieben, um sie schöner erscheinen zu lassen, aber auch zum Schutz der Muskeln. Pflaster und Salben wurden für medizinische Zwecke, speziell zur Heilung von dermatologischen Krankheiten daraus hergestellt.

*Konischer Tonkrug mit Oliven, Fund aus dem minoischen Palast von Zakros aus dem 16. Jhdt. v. Chr. (archäol. Museum Heraklion).*

*Tetradrachmo mit Darstellung einer Eule und einem Olivenzweig, Symbole der Göttin Athene.*

Auszeichnung ungefähr 2,5 Tonnen Olivenöl von ausgezeichneter Qualität.

Er durfte dieses verkaufen oder exportieren, ein Recht, das nur den Gewinnern der Olympiaden zugestanden wurde.

Es war bereits im Altertum eine schmackhafte Bereicherung verschiedener Mahlzeiten und wurde zur Beleuchtung der Häuser und Tempel sowie in Verehrungszeremonien und Opfern an die Götter und die Toten verwendet.

Der Preis für die Gewinner der olympischen Spiele war eine große Anzahl von mit Olivenöl gefüllten Amphoren: Der Gewinner des Wettrennens erhielt als

*Aromatisierte Olivenöle wurden im Altertum zur Schönheitspflege des Körpers verwendet.*

# DIE ORIGINAL-KRETA-DIÄT

## Produktion und Verbrauch der Olive auf Kreta

Die Olivenhaine umfassen auf Kreta ungefähr 30 Millionen Bäume, deren Besitz auf 95.000 Familien verteilt ist. Kreta hat seine Olivenproduktion in den letzten 40 Jahren vervierfacht. Seine Qualität wurde speziell in den vergangenen 15 Jahren stetig verbessert, was bedeutet, dass 90 % der Gesamtproduktion die Klassifizierung von »Extra Virgin« erhält, der Säuregrad also unter einem Grad liegt (siehe »Qualität« Seite 58) Der Verbrauch von Olivenöl ist auf Kreta sehr hoch und liegt bei einem Durchschnitt von 30 kg pro Kopf. Nirgends auf der Welt ist er höher.

*Der größte Teil der Olivenölproduktion auf Kreta ist heute von bester Qualität.*

## Der Export

Kretisches Olivenöl von erstklassiger Qualität wird in Flaschen abgefüllt und in großer Anzahl nach Skandinavien, England, Österreich, Deutschland und auch Amerika exportiert. Große Mengen werden nach Italien ausgeführt, auch aus anderen Teilen Griechenlands, die damit die Qualität und den Geschmack ihres eigenen Olivenöls verbessern.

## Olivenbaum-Sorten

Auf Kreta gibt es drei verschiedene Oliven-Sorten, aus denen Olivenöl in großen Mengen produziert wird.

**Olea Europaea, var. Mastoides (Koronaiki):** Sie hat den Vorteil, obwohl sie nur kleine Früchte trägt, auch unter weniger günstigen Bedingungen zu gedeihen und kann bis auf 500 m über dem Meeresspiegel angepflanzt werden. Die Ernte ist stabil und kann bis zu 150 kg pro Baum betragen.

Hauptanbaugebiete auf Kreta sind Heraklion, Chania, Lassithi und Sitia. Diese Sorte garantiert erstklassiges, aromatisches Olivenöl.

**Olea Europaea, var. Media oblonga (Throumpolia – Chontrolia):** Diese Sorte ist seit vielen Jahren der »Klassiker« auf Kreta. Obwohl heutzutage ein Teil der Anpflanzungen durch die koronäische Sorte ersetzt wurde, nimmt auch die Chontrolia einen wichtigen Platz auf Kreta ein. Sie

# KRETA – DIE INSEL DER OLIVENBÄUME

*Olivenzweig der koronäischen Sorte*

*Seltene Art eines großfruchtigen Olivenbaumes aus dem Raum Rethymno*

kann auf einer Höhe bis zu 700 m über dem Meeresspiegel angebaut werden und gibt mildes Öl mit vollem Geschmack, unter der Bedingung, dass die Oliven, nachdem sie vom Baum gefallen sind, sofort eingesammelt und zur Ölpresse gebracht werden.

**Olea Europaea, var. Mamilaris (Tsounati):** Beständig gegen Hitze und Kälte wird diese Sorte vor allem in Chania angepflanzt. Sie gibt ein Olivenöl von ausgezeichneter Qualität.

## Das Olivenöl in der Ernährung der Kreter

Viele Jahrhunderte verwendeten die Völker Europas nur tierische Fette wie Butter und Schweinefett in ihrer Ernährung im Gegensatz zu den Kretern, die nur das Olivenöl kannten. Als der Engländer Robert Pashley Mitte des 19. Jhdts. auf einer seiner Reisen Kreta besuchte, war er erstaunt über den großen Verbrauch von Olivenöl und hielt in seinen Notizen Folgendes fest: »Man erzählt mir hier, aber auch überall, wo ich gefragt habe, dass jede kretische Familie mindestens 5 kg Olivenöl pro Woche verbraucht. Selten gibt eine Mutter

*Jahrhundertealter Baum der Sorte Throumpolia-Chontrolia*

## DIE ORIGINAL-KRETA-DIÄT

*Brot mit Olivenöl und grobkörnigem Salz oder Zimt und Zucker bestreut war eine Zwischenmahlzeit für Kinder.*

ihren Kindern ein Stück Brot, ohne Olivenöl in einen Teller zu gießen, in dem sie das Brot anfeuchten können, damit es besser schmeckt. Olivenöl wird für alle Arten von Gemüsen verwendet und auch zur Zubereitung von Fleisch und Fisch. Kurzum, es ist in allen kretischen Mahlzeiten anzutreffen, und obwohl alle Griechen viel Olivenöl essen, ist der Verbrauch auf dieser Insel viel größer als anderswo.«

Fast ein Jahrhundert später hat das amerikanische Institut Rockefeller zwischen 1948 und 1957 in Kreta eine Untersuchung durchgeführt. In seinem Bericht steht: Die kretische Ernährung besteht hauptsächlich aus Nahrungsmitteln pflanzlicher Herkunft, wie Getreide, Gemüse, Früchten und Olivenöl ...

Die Oliven und das Olivenöl tragen sehr viel zur Vitalität des Organismus eines Kreters bei. Ein Fremder erhält den Eindruck, die Mahlzeiten der Kreter schwimmen wortwörtlich im Olivenöl. Der große Ölverbrauch ist typisch für die kretische Ernährung.

### Olivenöl in der kretischen Küche

Die Beziehung der Kreter zum Olivenöl ist seit dem Altertum unverändert. Das Olivenöl begleitet reichlich alle Arten von Mahlzeiten, ob gekocht, gebraten oder frittiert, und auch in den köstlichen Süßspeisen wird es verwendet. Roh wird es im Salat gegessen und man tunkt Brot und Zwieback in pures Olivenöl.

*Oliven und Olivenöl zusammen mit dem so genannten »Paximadi« (Zwieback), ein beliebter Snack bei Jung und Alt.*

**Olivenöl verlängert das Leben.**

## KRETA – DIE INSEL DER OLIVENBÄUME

*Olivenöl verleiht den Mahlzeiten einen ausgezeichneten Geschmack.*

**Zusammensetzung des Olivenöls**

Vitamin E (3 – 30 mg)

Provitamin A

Einfach ungesättigte Fettsäuren (oleic) 56 – 83 %

Mehrfach ungesättigte Fettsäuren (linoleic) 3,5 – 20 %

Gesättigte Fettsäuren 8 – 23,5 %

*Olivenöl bereichert alle kretischen Mahlzeiten, Süßspeisen und Brote.*

Olivenöl ist das gesündeste Fett in der Ernährung, da es ca. 77 % ungesättigte Fettsäuren enthält und cholesterinfrei ist.

Das kretische Modell der Ernährung, das seit Jahren von Wissenschaftlern und Ärzten untersucht wird, beweist in statistisch festgehaltenen Zahlen, dass es der beste Weg ist, um Gesundheit und lange Lebensdauer zu erreichen. Der Hauptgrund für den niedrigen Prozentsatz von Herzkrankheiten der Inselbewohner ist dem Konsum von Olivenöl zuzuschreiben.

Der Konsum von Olivenöl mindert den Cholesteringehalt und verhindert die Arteriosklerose. Die einfach ungesättigte Ölsäure ist in ihrer Wirksamkeit gleichzusetzen

# DIE ORIGINAL-KRETA-DIÄT

*Olivenöl schenkt den Kretern seit Jahrhunderten Gesundheit und lange Lebensdauer.*

mit den mehrfach ungesättigten Fettsäuren in Bezug auf die Senkung des Cholesterinspiegels.

Olivenöl enthält 120 Kalorien pro Esslöffel. Um dem Essen vollen Geschmack und Aroma zu verleihen, braucht man nur wenig davon, und der Kalorienverbrauch hält sich in Grenzen.

**So wirkt Olivenöl:**

- Das Olivenöl wirkt therapeutisch auf Magengeschwüre und lindert Verdauungsschwierigkeiten.

- Es wird vom Darm gut absorbiert und hilft bei Verstopfung durch seine leicht abführende Wirkung.

- Es ist reich an ungesättigten Fettsäuren, die wichtig für die Erhaltung gesunder Gefäße sind.

- Vitamin E und Provitamin A im Olivenöl schützen die Haut als Radikalfänger vor der schädlichen Sonnenstrahlung.

- Die Zusammensetzung des Olivenöls hat eine positive Wirkung auf das Wachstum und die Entwicklung des zentralen Nervensystems von Neugeborenen und Kindern.

- Dank der Antioxidantien schützt das Olivenöl das Hirn vor Alterskrankheiten, mit anderen Worten, es hält den Geist wach bis ins hohe Alter.

- Im Mittelmeerraum, wo viel Olivenöl verzehrt wird, ist die Häufigkeit von gewissen Krebskrankheiten sehr niedrig, z. B. Brustkrebs und Gebärmutterkrebs.

- Es spielt eine wichtige Rolle in der Ernährung von Diabetikern.

*Aus Stein gehauener Behälter zum Auffangen des Olivenöls. Darüber eine Ikonostase mit Öllämpchen.*

# KRETA – DIE INSEL DER OLIVENBÄUME

## Olivenöl-Produktion in Griechenland

In Griechenland ist kein anderes Produkt so wertvoll wie das Olivenöl. Mehr als 350.000 Familien, die Hälfte davon im Peloponnes und auf Kreta, leben von der Kultivierung des Olivenbaumes. Das Olivenöl deckt 80 % des Verbrauchs von Ölen und Fetten. Im ganzen Land gibt es 2.800 Ölmühlen und 220 Unternehmen zur Weiterverarbeitung von Olivenöl. Kreta produziert 30 % des griechischen Olivenöls, der Peloponnes 26 %, Mitilini 10 % und die ionischen Inseln ebenfalls 10 %. Olivenöl von guter Qualität wird auch auf dem Festland produziert, in Evia, in Chalkidiki und in kleineren Mengen auf den Inseln der Kykladen und der Sporaden.

*Große Oliven aus Chalkidiki*

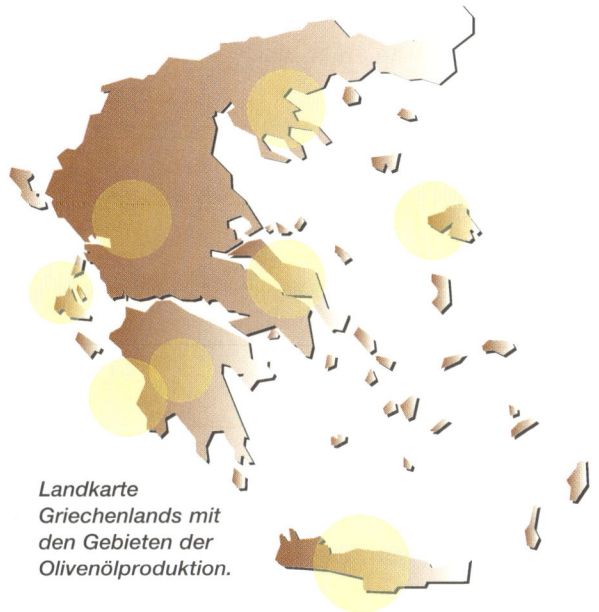

*Landkarte Griechenlands mit den Gebieten der Olivenölproduktion.*

Der Peloponnes ist eines der wichtigsten Anbaugebiete, wo auch die biologische Kultivierung des Olivenbaums ihren Anfang fand. Vom 16. bis zum 19. Jahrhundert verschifften die Maniaten ihr Olivenöl von den Häfen des Peloponnes und brachten es auf die Märkte von Frankreich, Triest und Livorno, wo es bekannt und beliebt war.

Auch heute noch wird Olivenöl von ausgezeichneter Qualität produziert – mit fruchtigem Geschmack und von leuchtend grüner Farbe. Das beste Olivenöl wird in Kalamata, Mani und Olympia hergestellt.

Berühmt auf der ganzen Welt sind auch die Kalamata-Oliven aus diesem Gebiet mit ihrem knackigen, dunklen Fruchtfleisch und dem würzigen Geschmack.

*Einsammeln der Sorte Chontrolia mit Netzen*

## DIE ORIGINAL-KRETA-DIÄT

### Wie wird Olivenöl hergestellt?

Die Erntezeit der Oliven auf Kreta dauert von November bis Februar. Die Art und Weise ist seit Jahrhunderten gleich geblieben.

Mit langen Holzstangen werden die Zweige des Olivenbaumes vorsichtig geschüttelt oder mit Harken »gekämmt«, sodass die Oliven in die Netze fallen, die unter den Bäumen ausgebreitet wurden.

Doch auch hier hat die Technologie Einzug gehalten und die Stangen werden mit maschineller Hilfe in Schwingungen versetzt, was natürlich eine rasche Verbreitung fand, erleichtert es die Ernte doch sehr. Teilweise werden die Oliven noch immer einzeln vom Baum gepflückt.

*Nach einem harten Arbeitstag wird die wertvolle Ladung zur Ölpresse gebracht.*

Die Oliven werden in Säcken oder Körben zur Ölmühle gebracht, gewaschen und von kleinen Zweigen und Blättern befreit.

*Die ideale Art der Olivenlese, jede einzelne Frucht von Hand gepflückt.*

*Maschinelle Entfernung von Zweigen und Blättern und Reinigung der Oliven vor dem Pressen.*

# KRETA – DIE INSEL DER OLIVENBÄUME

Die Pressung erfolgte früher von Hand oder es wurden mit Hilfe von Tieren ein, zwei oder drei Mühlsteine im Kreis gedreht. Pferde oder starke Maultiere bewegten die riesigen Steine, unter deren Gewicht die Frucht gepresst wurde.

Es war eine mühselige Arbeit, die sehr viel Zeit in Anspruch nahm.

**Heutzutage gibt es zwei Arten der Pressung:**

Eine Methode hält sich an die überlieferte Weise, wo sich jetzt maschinell betriebene Mühlsteine in einem rostfreien Becken drehen und das Fruchtfleisch zu einem Brei verarbeiten. Dieser Brei wird in dünnen Lagen ausgebreitet, getrennt durch runde

*Alte Ölpresse – von Tieren betrieben.*

*In einer modernen Ölmühle pressen maschinell betriebene Mühlsteine aus Granit die Oliven in einem rostfreien Becken.*

**Handbetriebene Presse**

*Der Brei wird mit hoher Geschwindigkeit gedreht und so das Fruchtfleisch vom Olivenöl getrennt.*

## DIE ORIGINAL-KRETA-DIÄT

Filter aus synthetischem Material, und dann in eine hydraulische Presse gefüllt. Mit einer Kraft von 250 bis 400 kg pro Quadratzentimeter wird das Olivenöl aus dem Brei gepresst und rinnt gefiltert in Container, wo es vom Wasser getrennt wird.

Bei der zweiten Methode wird die Zentrifugalkraft benützt. Der Brei wird mit großer Geschwindigkeit gedreht, um das Öl vom Fruchtfleisch zu trennen. Ist das Öl vom Wasser getrennt, hat man kaltgepresstes Olivenöl, ein reines, unbehandeltes Produkt.

Die neueste Methode der Trennung des Öls vom Fruchtfleisch ohne Einsatz von heißem Wasser nennt sich Sinolea. Viele Olivenölproduzenten ziehen diese Methode vor, da sie die aromatische Vielfalt des Öls schützt und eine ausgezeichnete Qualität garantiert. Nachdem die Oliven mit der klassischen Methode gepresst wurden, wird die Masse mit kleinen, hauchdünnen Stahlklingen schnell und kontinuierlich gerührt. Die Temperatur wird unter 25 °C, das Maximum für die Kaltpressung, gehalten.

Die großen wie auch die kleineren Ölproduzenten verfügen über gut ausgerüstete Laboratorien mit geschultem Personal.

Auf 25 verschiedene Arten können Proben von jeder Olivenölpartie genommen werden. Der Verbraucher kann sich somit auf die gute Qualität des Olivenöls verlassen.

### Lagerung

Seit der Zeit der Minoer und noch bis vor wenigen Jahren wurde das Olivenöl in speziellen Krügen aus Ton in dunklen und kühlen Vorratsräumen aufbewahrt. Auch heute noch gibt es Familien, die ihren Olivenölvorrat in diesen Tonkrügen lagern. Das Dorf Thrapsano im Bezirk Heraklion hat heute noch Töpfer, die auf Bestellung solche Tonkrüge herstellen.

*Aufbewahrung des Olivenöls in großen Tonkrügen, von der minoischen bis in die heutige Zeit angewendet.*

# KRETA – DIE INSEL DER OLIVENBÄUME

Es kann von dunklem Grün mit nur wenigen Aufhellungen von Hellgrün bis zu einem weichen, fast durchsichtigen Gelb variieren.

Die Farbe weist nicht automatisch auch auf die Qualität des Olivenöls hin. Das olivengrüne Öl hat aber oft einen volleren und fruchtigeren Geschmack und ein besseres Aroma. Was auch bedeutet, dass die Oliven zum richtigen Zeitpunkt geerntet wurden, d. h. nicht in einem überreifen Zustand, wo ihre Farbe schon fast schwarz ist. Es gibt aber auch andere Methoden, um eine schöne Farbe zu erzeugen. Gibt man während der Pressung wenige Blätter des Baumes dazu, entsteht die Farbe durch das Chlorophyll, das aber den Geschmack verschlechtert und das Öl bitter werden lässt.

**Vertrauen Sie Ihrem Geruchssinn!**
Das Aroma des Olivenöls steht in direktem Zusammenhang mit seinem momentanen Zustand, sagt aber auch vieles über seinen allgemeinen Charakter aus.

Halten Sie das Glas, in diesem Falle am besten ein Cognacglas, mit Ihren Händen umspannt.

Schwingen Sie das Glas und seinen Inhalt 3- bis 4-mal, damit sich der Geruch entfalten kann, und atmen Sie ihn dann tief ein. Was sind Ihre ersten Eindrücke? Frische, starke Aromen und welche Eigenschaften haben sie ...

**Kostprobe**
Das ist vielleicht der wichtigste Moment. Nehmen Sie einen kleinen Schluck Olivenöl in den Mund ohne ihn hinunterzuschlucken. Lassen Sie die Flüssigkeit im Mund zirkulieren und über die ganze Zunge gleiten. Ziehen Sie die Luft zwischen den Zähnen ein, während das Olivenöl langsam den Hals hinunterläuft.

Versuchen Sie, die Säure zu bewerten und auch die Geschmacksintensität: Ist es bitter, süß oder sehr scharf? Der hintere Teil der Zunge lässt Sie die Bitterkeit testen, der seitliche die Säure und Intensität und die Zungenspitze die Süßigkeit.

*Vergessen Sie nicht, wichtige Geruchssensoren befinden sich im oberen Teil unserer Nase.*

*»Reinigen« Sie Ihren Mund mit einem großen Stück Apfel. Erst dann sind Sie bereit für die nächste Geschmacksprobe.*

# KRETA – DIE INSEL DER OLIVENBÄUME

Heutzutage wird das Olivenöl in speziellen, rostfreien Behältern aufbewahrt. Proben werden in den Laboratorien analysiert und das Olivenöl je nach seiner Qualität in dem dafür vorgesehenen Behälter gelagert. Diese Behälter garantieren eine langfristige Lagerung, ohne dass das Olivenöl an Qualität verliert.

Die Flaschen-Abfüllung variiert, findet aber jeweils in sterilem Umfeld statt und ist vollautomatisiert. Modern ausgerüstete Abfüllmethoden erlauben ein langsames Abfüllen, damit so wenig Luft wie möglich in die Flasche gelangt.

### Biologischer Anbau

Die biologische Anbaumethode findet in den letzten Jahren immer mehr Anklang auf Kreta, auch bei den Anbauern des Olivenbaums. Sie hat bestimmte Vorschriften, was die Anpflanzung und Anordnung der Bäume betrifft. Die Düngung und die Schädlingsbekämpfung sind nur mit tierischem Dung oder pflanzlichen Mitteln erlaubt. Im Peloponnes begann der biologische Anbau des Olivenbaums viel früher als auf Kreta. Heute gibt es ca. 180 Biobauern, die ein großes Anbaugebiet betreuen.

In ganz Griechenland werden heute auf einem Gebiet von 15.000 km$^2$ 300 Tonnen biologisches Olivenöl produziert. Spezielle Institute kontrollieren das Produkt und geben ihm das Zertifikat des biologischen Anbaus.

### Qualitätsabstufung des Olivenöls durch das internationale Olivenölkonzil

Pures Olivenöl (Virgin) erhält man durch Benützung von maschinellen oder anderen physikalischen Bearbeitungsmethoden unter Wärmebedingungen, die zu keiner Änderung der natürlichen Zusammensetzung des Olivenöls führen. Die Olive wird keiner anderen Behandlung unterzogen als Waschung, Zentrifugation und Filtration. Pures Olivenöl, geeignet zur Konsumation, wird folgendermaßen eingeteilt:

- Extra pures Olivenöl ist reines Olivenöl von absolut perfektem Geschmack und Geruch mit einem Säuregrad von weniger als 1 %. Traditionell hergestelltes extra pures Olivenöl kommt vor der Erstpressung der Oliven und ist der eigentliche Saft der Olive. Es hat einen niedrigen Gehalt an freien Ölsäuren und absolute Spitzenqualität in Geschmack, Farbe und Aroma.

- Kretisches extra pures Olivenöl hebt die Insel Kreta als das wichtigste Anbaugebiet nicht nur in Griechenland, sondern im ganzen Mittelmeerraum hervor, was die Spitzenqualität betrifft.
  Voller, aromatischer und doch ausgeglichener Geschmack zeichnen dieses Olivenöl aus. Das kretische, extra pure Olivenöl ist reich an einfach ungesättigten Fettsäuren und natürlichen, antioxidativen Substanzen, wie Tocopherole und Polyphenole, sowie auch an Vitaminen. Ideal für den Verzehr!

## DIE ORIGINAL-KRETA-DIÄT

- Feines pures Olivenöl ist Öl von absolut perfektem Geschmack und Geruch mit einem Säuregrad von weniger als 1,5 %.
- Semi-feines Olivenöl hat guten Geschmack und Geruch mit einem Maximum von 3 % Säure.
- Raffiniertes Olivenöl erhält man aus purem Olivenöl durch Raffinationsmethoden.
- Olivenöl oder pures Olivenöl ist Öl, bestehend aus einer Mischung von raffiniertem und purem Olivenöl.

*Olivenölprobe zu Hause – eine interessante Erfahrung für Ihren Gaumen!*

### Die Geschmacksprobe zu Hause

Eine Geschmacksprobe sollte in einer neutralen, gut beleuchteten Umgebung stattfinden. Man wählt 2 – 3 verschiedene Olivenöle aus und bedeckt die Etiketten, um nicht von den Aufschriften beeinflusst zu werden. Ein Stück Papier und Bleistift sollten bereit liegen, um die Eindrücke und das Aroma zu notieren. Essen Sie zwischen den Proben ein paar Apfelstücke, damit sich der Geschmack wieder neutralisiert.

Sie sollten mindestens eine Stunde vorher nichts gegessen haben. Parfüms oder stark riechende Cremen könnten Ihre Eindrücke stören, ebenso wie Medikamente gegen Erkältungen.

**Achtung:**
Der Säuregrad des Olivenöls kann nicht geschmacklich getestet werden.

**Optische Betrachtung des Olivenöls**
Schenken Sie ein wenig Olivenöl zum Kosten in hohe Weingläser ein.

Heben Sie das Glas gegen das Licht, um die Farben betrachten zu können. Gewöhnlich sieht man eine Abstufung von verschiedenen Farbtönen.

*Genießen Sie das Farbenspiel des Olivenöls.*

## DIE ORIGINAL-KRETA-DIÄT

**Schmecken alle Olivenöle gleich?**

Ganz und gar nicht. Es gibt verschiedene natürliche Geschmacksrichtungen beim Olivenöl, was es so einzigartig unter all den bekannten Ölen macht. Kenner teilen diese Kategorien allgemein wie folgt ein:

- mild (delikat, leicht oder butterig),
- semi-fruchtig (mit stärkerem Olivengeschmack) und
- fruchtig (mit einem vollen Olivengeschmack).

Das Klima, der Boden, das Wetter, die Art der Ernte und Verarbeitung der Frucht, die Sorte und auch der Standort des Baumes beeinflussen den Geschmack des Olivenöls. Je nach Herkunftsgebiet in Griechenland, aber auch auf Kreta selbst gibt es Geschmacksunterschiede, genau wie beim Wein. Es ist Ihnen überlassen, diese zu entdecken!

Es gibt eine allgemeine Regelung der Bewertung des Olivenöls, die von allen Herstellerländern angewendet wird. Die EU hat diese Regelung (2568/91) aufgestellt. Sie wurde auf der Basis der allgemeinen Einschätzung der Eigenschaften des Olivenöls begründet, die eine Hilfe zum Verständnis des Geschmacks- und Aromareichtums sind.

Kenner, die auf das Kosten von Olivenöl spezialisiert sind, können große Unterschiede von Geschmacks- und Aromaeigenschaften feststellen.

**Angenehme Geschmacks- und Geruchseigenschaften des Olivenöls**

- Apfel: Geschmack, der an eine reife oder grüne Apfelschale erinnert.
- Gras: Geruch von frisch gemähtem Gras.
- Grüne Blätter: Geschmack, der an unreife Oliven und Olivenbaumblätter erinnert.
- Mandel: Scharfer Geschmack von frischen Mandeln.
- Heu: Typischer Geruch von bestimmten Olivenölen, der an Heu erinnert.
- Früchte: Oft haben extra pure Olivenöle ein Aromabouquet von frischen Früchten, speziell bei frischem Olivenöl.
- Zitrone: Delikates und außergewöhnliches Aroma, meistens kombiniert mit pikantem Geschmack.
- Sauerampfer: Ähnlich, aber milder als das Zitronenaroma.
- Pfeffer und Gewürz: Einige Olivenöle mit starkem Geschmack hinterlassen einen pikanten und zugleich süßen Eindruck.

# KRETA – DIE INSEL DER OLIVENBÄUME

**Unangenehme Geschmacks- und Geruchseigenschaften:**

Sämig, erdig, wurmig, metallisch, modrig, brackig.

**Einkauf von Olivenöl**

Auf Kreta, im Peloponnes, aber auch in ganz Griechenland bietet der Markt verschiedene Qualitäten von Olivenöl in unterschiedlichen Verpackungen und Mengen an. Außer in den Spezialgeschäften, die lokale, traditionelle Produkte verkaufen wie aromatische Kräuter und Gewürze, aber sicher auch Olivenöl, können Sie es in den Supermärkten und in den Shops an den griechischen Flughäfen einkaufen.

Wenn Sie eine große Menge Olivenöl kaufen wollen, wenden Sie sich an eine der Herstellerfirmen. Es wird Ihnen direkt ins Haus geliefert.

**Warum ist Olivenöl so teuer?**

Die Antwort ist einfach: Die Produktionskosten sind relativ hoch. Im Gegensatz zu den anderen Ölen, z. B. Sonnenblumenöl, Maisöl etc., ist die Herstellung von Olivenöl und speziell dem extra puren komplizierter und braucht viel »Handarbeit«.

Ein Olivenbaum trägt erst nach 6 Jahren kontinuierlicher Kultivierung Früchte, was das Endprodukt ebenfalls verteuert.

**Sparsam im Verbrauch …**

Vergessen Sie nicht, dass das extra pure Olivenöl ein intensives Aroma hat, und schon durch Beigabe von kleinen Mengen erhält das Essen den gewünschten Geschmack. Ein Liter Olivenöl von bester Qualität reicht mindestens 50- bis 60-mal, ob roh in Salaten und gekochtem Gemüse oder für Fisch und Fleisch.

Beginnen Sie Ihre Bekanntschaft mit extra purem Olivenöl und genießen Sie sein volles Aroma und seinen Geschmack roh in Ihren Salaten und als Soße zu anderem Gemüse.

Die Etiketten sind meist auch in Englisch angeschrieben. Bitte beachten Sie Folgendes:

- Säuregehalte
- Anbaugebiet
- Produktionsfirma
- Herkunftsort
- Gewichtsangabe
- Abfülldatum
- Verfalldatum
- Anbaumethode (biologisch)

*Auf den Märkten Griechenlands und Kretas findet man malerische kleine Läden, die viele traditionelle Produkte und eine große Auswahl an Olivenölen von feinster Qualität anbieten.*

## DIE ORIGINAL-KRETA-DIÄT

Die Verpackungen variieren stark, von Flaschen bis zu Kanistern aus rostfreiem Metall, in einer Vielfalt von Farben, Formen und Größen. Ziehen Sie eine Verpackung in dunklem Glas vor, da es das Eindringen des Lichtes verhindert. Eine durchsichtige Verpackung erlaubt Ihnen aber, die Qualität der Farbe zu beurteilen.

Sicher haben Sie das Recht, das Olivenöl zu probieren, bevor Sie es kaufen, vor allem in einem Delikatessengeschäft, das lokale Produkte anbietet. Zögern Sie nicht darauf zu bestehen.

**Was sollten Sie vermeiden?**
- Olivenöl, das dem Sonnenlicht ausgesetzt ist. Nehmen Sie sich eine Flasche aus dem hinteren Teil des Regals.
- Ein Verschluss, der nicht gut sitzt. Das Olivenöl könnte verdorben sein.
- Verpackungen, deren Etiketten kein Anbaugebiet und keine Produktionsfirma angeben.
- Verpackungen, die ohne Angabe von Abfüll- und Verfalldatum sind.

Olivenöl hat, im Gegensatz zu Wein, eine beschränkte Lebensdauer von 18 bis 20 Monaten. Danach beginnt es zu »altern« und verliert sein Aroma.

Bei Olivenölen, die aromatische Kräuter und Gewürze enthalten, ist die Oxidationsgefahr erhöht und sie verderben schneller.

Es ist problemlos, ein oder zwei Flaschen Olivenöl auch auf eine weite Reise mitzunehmen. Im Gegensatz zu Wein schadet die Bewegung seiner Qualität nicht. Vorteilhafter ist der Transport in Metall- oder Glasbehältern und nicht in Plastikflaschen. Verlangen Sie im Laden eine Spezialverpackung für den Transport. Platzieren Sie es in Ihrem Koffer zwischen weichen Kleidern und Tüchern oder nehmen Sie es als Handgepäck mit. Wie auch immer, die Mühe lohnt sich auf jeden Fall, da es nicht einfach ist, überall ein Olivenöl von ausgezeichneter Qualität zu finden.

Zu Hause lagern Sie das Olivenöl an einem dunklen und kühlen Platz, fern von Lichteinfluss und hohen Temperaturen. Falls vorhanden, ist der beste Ort der Keller.

Der Kühlschrank ist nicht der ideale Aufbewahrungsort für das Olivenöl, da es sich trübt und dickflüssig wird. Sein Geschmack ändert sich dadurch aber nicht. Lässt man es für ein paar Stunden wieder in normaler Zimmertemperatur, erhält es seine Farbe zurück.

# KRETA – DIE INSEL DER OLIVENBÄUME

## Spezialitäten

### Käse in Olivenöl

Berühmt sind die Ölkäse von Kreta und Mitilini, die in kleinen und großen Behältern angeboten werden und einen pikanten, scharfen Geschmack haben.

### Aromatische Olivenöle

Die besten unter diesen Ölen sind diejenigen mit Oregano, Salbei oder Rosmarin. Sie werden in großen und kleinen Flaschen angeboten.

### Kochen mit Olivenöl

**Die Feinde des Olivenöls**

Das Olivenöl hat vier große Feinde:
- Licht und im Speziellen das Sonnenlicht
- Hohe Temperaturen
- Sauerstoff
- Metall

Hat Ihnen das gekaufte Olivenöl geschmeckt, bewahren Sie die Etikette auf oder notieren Sie den Namen der Herstellerfirma. Kontaktieren Sie die Firma, falls Sie eine Bestellung aufgeben möchten, oder nehmen Sie die Etikette mit auf Ihrer nächsten Reise nach Griechenland.

Empfehlen Sie es Ihren Freunden, die sich dafür interessieren.

Extra pures Olivenöl ist das beste Geschenk für Freunde und Bekannte, die Ihre Rückkehr aus dem Land der Olivenhaine und des Olivenöls erwarten.

Das Olivenöl ist ein ideales Fett für Ihre Küche.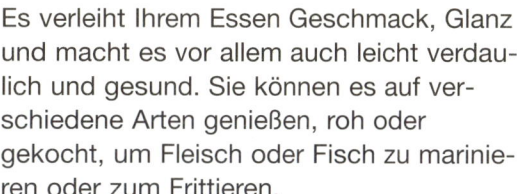
Es verleiht Ihrem Essen Geschmack, Glanz und macht es vor allem auch leicht verdaulich und gesund. Sie können es auf verschiedene Arten genießen, roh oder gekocht, um Fleisch oder Fisch zu marinieren oder zum Frittieren.

Bei hohen Kochtemperaturen ist es sicher besser, Olivenöl mit nicht allzu intensiven Geruchselementen zu verwenden, die in der Küche Verdampfungsgerüche hinterlassen. Als allgemeine Faustregel gilt, das Olivenöl erst im letzten Kochstadium hinzuzugeben, damit es sein volles und feines Aroma behält. Leichtes und delikates Essen, wie Fisch oder Suppen, schmeckt mit einem milden, weniger fruchtigen Olivenöl besser.

## Wie man Olivenöl außerdem verwenden kann

- Anstelle von Butter oder Margarine servieren Sie einen kleinen Teller Olivenöl zu Ihren Mahlzeiten, um darin Brot oder Zwieback zu tunken.
- Geben Sie einen Esslöffel Olivenöl ins kochende Wasser, um das Kleben der Teigwaren zu verhindern.
- Reiben Sie Olivenöl in Ihre Hände, damit der Teig beim Kneten nicht klebt.
- Reiben Sie die Kartoffeln vor dem Braten mit Olivenöl ein, dann werden sie schön knusprig.
- Gießen Sie Olivenöl über grüne Salate, gekochte Kartoffeln, Karotten, Bohnen und Gemüse, serviert mit frischer Petersilie und Zwiebeln.

## Oliven

Oliven werden in hübschen Verpackungen und großer Sortenvielfalt angeboten. Wir empfehlen, die abgepackten den offen angebotenen Oliven vorzuziehen. Es gibt grüne, schwarze, blonde, große, kleine Oliven, aufbewahrt in Salzlauge oder in Salz eingemacht, bis hin zu Oliven mit aromatischen Kräutern wie Rosmarin, Thymian und Koriander.

## Olivenbrei:

Nicht nur die ganzen, auch die zu Brei zerstampften Oliven sind schmackhaft. Nicht umsonst wurde dieser Brei von den alten Griechen als Appetitanreger auf kleine Brötchen gestrichen.

## Olivenöl und Salate

Am besten verwendet man extra pures Olivenöl für den Salat. Kaufen Sie sich eine dieser kleinen Ölkännchen, die speziell für den Gebrauch von Salat sind und in Griechenland »ladera«, »ladika« oder »ladotiria« genannt werden. Sie erlauben ein langsames Begießen des Salates, sodass jedes Salatblatt die richtige Menge Olivenöl bekommt. Die Kännchen werden in verschiedenen Größen und Formen angeboten.

*Ölkännchen sind nützlich und dekorieren zugleich Ihre Küche.*

# KRETA – DIE INSEL DER OLIVENBÄUME

## Backen mit Olivenöl

Olivenöl hat in seinen einfach ungesättigten Fettsäuren ein Fettkristall, das die Backwaren verfeinert. Es enthält auch Tocopherole (Vitamin E), die beim Backen emulsierend wirken, wie weiche Butter, die den Kuchen saftig und zart macht und mit einer knusprigen Kruste überzieht. Die Tocopherole mit ihren antioxidativen Eigenschaften tragen dazu bei, die Backwaren länger frisch zu halten. Sie können in Ihren Rezepten Butter oder Margarine durch Olivenöl ersetzen. Hier einige Vorschläge für Backwaren, die durch den Gebrauch von Olivenöl besonders gut werden: Biskuits, Nusskuchen, Karottenkuchen, Gewürzkuchen, Fruchtkuchen, Vollkornbrot, Muffins, Fladenbrot, Pizza.

## Rösten und Grillen

Beim Rösten und Grillen ist es sicher empfehlenswert, Olivenöle mit weniger intensiven Geruchselementen zu verwenden, die keine Verdampfungsgerüche hinterlassen. Mariniert in Olivenöl, vermischt mit etwas Zitrone, Essig oder Wein schmecken gegrillte Speisen hervorragend.

## Frittieren in Olivenöl

Olivenöl vergrößert sein Volumen beim Erhitzen, so brauchen Sie eine kleinere Menge beim Frittieren und Sautieren. Es bedeckt das Frittiergut und wird nicht

# DIE ORIGINAL-KRETA-DIÄT

## Backanalogien

| Butter Margarine | Olivenöl |
|---|---|
| 1 Teelöffel | 3/4 Teelöffel |
| 1 Esslöffel | 2 1/4 Teelöffel |
| 2 Esslöffel | 1 1/2 Esslöffel |
| 1/4 Tasse | 3 Esslöffel |
| 1/3 Tasse | 1/4 Tasse |
| 1/2 Tasse | 1/4 Tasse + 2 Esslöffel |
| 2/3 Tasse | 1/2 Tasse |
| 3/4 Tasse | 1/2 Tasse + 2 Esslöffel |
| 1 Tasse | 3/4 Tasse |

aufgesogen. Frittieren in Olivenöl gibt eine knusprige Kruste, Fleisch und Fisch behalten ihren Saft und beim Gemüse bringt es den vollen Geschmack zur Geltung. Es kann nach Gebrauch gefiltert und bis zu drei Mal verwendet werden.

*Teige mit Olivenöl werden zart und knusprig.*

## Kräuteröle

### Olivenöl mit Rosmarin, Lorbeerblättern und roten Pfefferkörnern

Dieses leicht aromatisierte Öl eignet sich hervorragend für leichte Hühner- und Wachtelmarinaden und ist gut geeignet für Mayonnaise.

**ZUTATEN**

2 Tassen (500 ml) kaltgepresstes Olivenöl
1 kleiner Zweig frischer Rosmarin
2 frische Lorbeerblätter
1 TL rote Pfefferkörner

**ZUBEREITUNG**

1. Die Kräuter gut waschen und auf einem Küchenpapier abtropfen lassen.
2. Kräuter und Pfeffer in eine sterilisierte Flasche geben und mit dem Olivenöl auffüllen.
3. Flasche gut verschließen und an einem dunklen, kühlen Ort 3 Wochen lagern.

*Lorbeer*

# KRETA – DIE INSEL DER OLIVENBÄUME

## Olivenöl mit Koriander, Zitrone, grünem und schwarzem Pfeffer

### ZUTATEN

2 Tassen (500 ml) kaltgepresstes Olivenöl
1 TL Koriander
1 TL grüne und schwarze Pfefferkörner
1 großes Stück Zitronenschale

### ZUBEREITUNG

1. Die Kräuter gut waschen und auf einem Küchenpapier abtropfen lassen.
2. Kräuter und Pfeffer in eine sterilisierte Flasche geben und mit dem Olivenöl auffüllen.
3. Flasche gut verschließen und an einem dunklen, kühlen Ort 3 Wochen lagern. Nach Öffnen der Flasche kann es für 4 – 5 Monate verwendet werden.

## Olivenöl »5 Kräuter«

### ZUTATEN

4 Tassen (1.000 ml) kaltgepresstes Olivenöl
1 Zweigchen frischer Rosmarin
1 gestrichener TL getrockneter Thymian
1 gestrichener TL getrocknetes Oregano
3 frische Minzblätter
4 frische Basilikumblätter
1 EL Meersalz

### ZUBEREITUNG

1. Die Kräuter gut waschen und auf einem Küchenpapier abtropfen lassen.
2. Kräuter zerkleinern.
3. Kräuter und Salz in eine sterilisierte Flasche geben und mit dem Olivenöl auffüllen.
4. Flasche gut verschließen und an einem dunklen, kühlen Ort 3 Wochen lagern. Während des Lagerns zwei- bis dreimal gut schütteln.
5. Öl in eine frische Flasche absieben. Die Kräuter werden nicht mehr gebraucht.

*Aromatische Kräuter und pikante Gewürze passen ausgezeichnet zu fruchtigen Olivenölen.*

# Die Wurzeln der kretischen Küche

## Einleitung zu den Rezepten

Die Tradition der kretischen Küche ist geprägt von Armut und großem Einfallsreichtum. Bereits die Grundlagen der minoischen Kochkunst waren Getreide, Wein und Oliven. Sie aßen derbe, wenig gekochte Gerichte aus Bohnen, Linsen und Erbsen und genossen den feinen Geschmack wild wachsender Gewürzpflanzen, die in Kreta üppiger und schöner wachsen als irgendwo sonst auf der Welt. Manche der minoischen Essgewohnheiten haben sich bis heute in der Kreta-Kost erhalten.

Der Wohlstand hat auch in Kreta alte Ernährungsgewohnheiten verdrängt, seit 1974 hat z. B. der Fleischkonsum in Kreta um 157 % zugenommen, heute liegt der Fleischverbrauch bei 52 kg/Jahr/Person, der Käsebedarf stieg gar um 334 %, während der Verbrauch an Früchten und Gemüse um 31 % und der Genuss von Olivenöl um 56 % sank.

Die traditionelle Ernährung in Kreta ist somit nahezu der mitteleuropäischen Nahrungszusammenstellung gewichen. Trotzdem – viele alte Rezepte, die die Bewohner von Kreta seit Ewigkeiten kennen und die die Kreta-Diät in ganz Europa berühmt gemacht haben, sind auch heute

# DIE ORIGINAL-KRETA-DIÄT

in der modernen Küche der Inselbewohner anzutreffen. Zwei Charakteristika bestimmen die kretische Kost mehr als alles andere: der unglaubliche Reichtum wild wachsender Gewürzkräuter und verschiedener Gemüsesorten und die fast ausschließliche Verwendung von Olivenöl.

Auch Getreidegerichte, besonders Weizen, haben eine große kulinarische Tradition auf Kreta, sowohl als Brot in jeder Form wie auch als spezielle lokale Vorspeisen. Dicke Bohnen sind aus der kretischen Küche nicht wegzudenken und es gibt Dutzende Rezepte für köstliche Gerichte. Erbsen und Käferbohnen isst man auf Kreta vorwiegend im Winter.

Bis vor wenigen Jahrzehnten gab es in Kreta und ganz Griechenland religiös bedingte Fastenzeiten – die Menschen aßen in diesen Perioden weder Fleisch noch Milchprodukte. Während der Fastenzeiten, die die kulinarischen Traditionen früher festlegten, ergänzten die Kreter ihre Diät mit einer lokalen Delikatesse: Schnecken. Es gibt verschiedene Arten, die zu bestimmten Jahreszeiten gegessen werden können.

In Kreta ist die Kost seit jeher einfach, sie unterscheidet sich von der mitteleuropäischen Ernährung durch die besondere Betonung von Rohkost, die für die Durchschnittsfamilie verfügbar war und ist. Die Insel war schon immer ein fruchtbarer Garten Eden. Unreife Mandeln, Pistazien und Nüsse gelten als Delikatesse. Eintopfgerichte dominieren den Speisezettel, die Kombination der Zutaten macht das Geheimnis aus. Zeitraubende, komplizierte Gerichte, vor allem Fleischgerichte aus Lamm, Ziege, Geflügel, Hasen und Kaninchen werden ausschließlich an Sonn- und Feiertagen serviert.

Gutes Gelingen für die nun folgenden Rezepte!

## Soßen, Salatsoßen

### Olivenöl mit Zitronen und Senf

**ZUTATEN**

1/2 Tasse (125 ml) kaltgepresstes Olivenöl
5 EL Zitronensaft
1 TL Senfpulver oder fertiger Senf
1 TL Salz
1 TL Mehl

**ZUBEREITUNG**

Die Zutaten in einem gut verschlossenen Glas kräftig schütteln

### Olivenöl mit Zitrone

Die einfachste und gebräuchlichste Soße in Griechenland. Der Geschmack des Gemüse wird hervorgehoben. Sie verleiht auch noch dem einfachsten Essen Geschmack.

**ZUTATEN**

1/2 Tasse (125 ml) kaltgepresstes Olivenöl
5 EL Zitronensaft
1 TL Salz
2 Tropfen warmes Wasser

**ZUBEREITUNG**

Die Zutaten in einem gut verschlossenen Glas kräftig schütteln.

### Olivenöl mit Zitrone, Petersilie oder Dill

**ZUTATEN**

1 Tasse (250 ml) kaltgepresstes Olivenöl
5 EL Zitronensaft
1/2 Tasse fein gehackte Petersilie oder Dill
2 – 3 Tropfen warmes Wasser
1 EL Salz

**ZUBEREITUNG**

Die Zutaten in einem gut verschlossenen Glas kräftig schütteln.

*Nur extra pures Olivenöl gehört in den Salat.*

## SOSSEN, SALATSOSSEN

### Olivenöl mit Essig und Knoblauch

Hervorragend zu in Öl gebackenen Auberginen.

#### ZUTATEN

*1/2 Tasse (125 ml) kaltgepresstes Olivenöl*
*4 EL Essig*
*4 EL Zitronensaft*
*4 Knoblauchzehen*
*1 TL Salz*
*1 – 3 Tropfen warmes Wasser*

#### ZUBEREITUNG

1. Knoblauch zusammen mit dem Salz pressen.
2. Die Zutaten in einem gut verschlossenen Glas kräftig schütteln.

### Olivenöl mit Minze, Senf und Oregano

Diese Soße schmeckt hervorragend zu gekochten Eiern.

#### ZUTATEN

*1/2 Tasse (125 ml) kaltgepresstes Olivenöl*
*1 EL Essig*
*1 TL frische Minze, fein gehackt*
*1 TL getrocknetes Oregano*
*1 TL Senf*
*1 EL Mehl*
*1 gestrichener TL Salz*
*2 – 3 Tropfen warmes Wasser*

#### ZUBEREITUNG

1. Die Zutaten in einem gut verschlossenen Glas kräftig durchschütteln.
2. Im Kühlschrank ca. 35 – 50 Minuten vor Gebrauch kalt stellen.

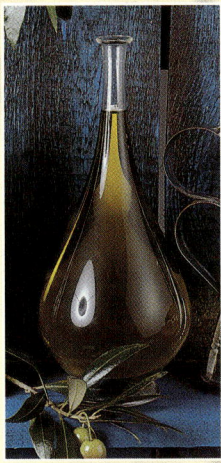

# DIE ORIGINAL-KRETA-DIÄT

## Olivenöl mit frischem Basilikum und Knoblauch

Diese Soße ergibt eine außergewöhnliche Spagettisoße, wenn Sie klein geschnittene Sardinen oder Anchovis dazugeben.

### ZUTATEN

*2 Tassen (500 ml) kaltgepresstes Olivenöl*
*3 Knoblauchzehen, gepresst*
*1/2 EL frisches Basilikum, klein gehackt*
*1/2 TL grüne Pfefferkörner*

### ZUBEREITUNG

1. Zutaten in eine Flasche geben.
2. An einem kühlen, dunklen Ort für 2 – 3 Wochen vor Gebrauch aufbewahren.

## Olivenöl mit Ginger und frischem Fenchelsamen

Sie gibt gekochtem Gemüse eine speziellen Geschmack.

### ZUTATEN

*2 Tassen (500 ml) kaltgepresstes Olivenöl*
*1 EL frischer Ginger, gerieben*
*1/3 TL Fenchelsamen*

### ZUBEREITUNG

1. Fenchelsamen vorsichtig zerstoßen.
2. Zutaten in eine Flasche geben, verschließen.
3. An einem kühlen, dunklen Ort 2 Wochen aufbewahren.

## SOSSEN, SALATSOSSEN

### Olivenöl mit Oregano, Thymian und Honig

Diese Soße schmeckt ideal zu Braten und geräuchertem Schweinefleisch.

#### ZUTATEN

*3/4 Tassen (180 ml) kaltgepresstes Olivenöl*
*1 TL getrockneter Thymian*
*1 TL Oregano*
*1/2 EL Honig*
*1 EL Zitronensaft*
*2 – 3 Tropfen warmes Wasser*

#### ZUBEREITUNG

1. Öl, Honig, Zitronensaft und Wasser in einer Schüssel gut verquirlen.
2. Thymian und Oregano dazugeben, ca. 3 – 4 Minuten schlagen.

### Grüne Knoblauchsoße

Sie passt ideal zu in Öl gebratenen Fischen oder gekochtem Fleisch. Petersilie gibt dieser Soße eine herrlich grüne Farbe.

#### ZUTATEN

*1 Tasse (250 ml) kaltgepresstes Olivenöl*
*3 mittelgroße Pellkartoffeln, geschält und gewürfelt*
*4 Knoblauchzehen, gepresst*
*5 EL starker Weinessig*
*Salz*
*5 EL Petersilie*
*Petersilie und Oliven zum Garnieren*

#### ZUBEREITUNG

1. Etwas Öl, die Petersilie und den Knoblauch zu einer Masse verarbeiten.
2. Nach und nach die Kartoffeln einrühren.
3. Das restliche Öl und den Essig dazugeben.
4. Abschmecken, gegebenenfalls Salz und Essig hinzufügen.
5. In einer Schüssel, garniert mit Petersilie und Oliven, servieren.

*Grüne Knoblauchsoße und frittierte Artischocken*

# DIE ORIGINAL-KRETA-DIÄT

## Snacks und Vorspeisen

### Kretischer Zwieback mit Olivenöl

Das ist einer der klassischen und beliebtesten Snacks auf Kreta. Er wird »Kretische Eule« genannt, da er einem Eulenkopf ähnelt. Das Rezept ist typisch für die Gegend um Rethymnon. In den restlichen Gegenden Kretas wird er ohne Feta-Käse zubereitet.

Wichtig ist, ein Öl mit fruchtigem Geschmack zu verwenden.

#### ZUTATEN

*4 Stück harter Zwieback*
*8 EL kaltgepresstes Olivenöl*
*2 große, reife Tomaten, geschält, klein gewürfelt*
*1 Tasse harter Feta-Käse, gerieben oder zerbröckelt*
*Salz*

#### ZUBEREITUNG

1. Den Zwieback leicht mit kaltem Wasser anfeuchten.
2. Mit dem Olivenöl beträufeln und gut einziehen lassen.
3. Nach Geschmack salzen. Den Salzgehalt des Käses beachten.
4. Tomatenwürfel und Käse darüber geben und servieren.

### Feta-Käse in Olivenöl

#### ZUTATEN

*2 Tassen (500 ml) kaltgepresstes Olivenöl*
*1/2 kg harter Feta-Käse, gewürfelt*
*1 EL Senfkörner*
*1 Lorbeerblatt*
*4 – 5 Pfefferkörner*
*1 kleine, scharfe Pfefferschote*

#### ZUBEREITUNG

1. Senfkörner und Pfefferkörner grob zerstoßen.
2. Feta in eine Glasschale geben, mit dem Gewürz bestreuen.
3. Pfefferschote und Lorbeerblatt dazugeben, mit Olivenöl bedecken. Eine Woche vor Gebrauch im Kühlschrank aufbewahren.

*Gerstenzwieback mit frischer Tomate und extra purem Olivenöl, garniert mit fein gehackter Zwiebel und Petersilie.*

## SNACKS UND VORSPEISEN

### Gebackene schwarze Oliven mit Zwiebeln

#### ZUTATEN

*2 1/2 Tassen schwarze Oliven*
*1 große Zwiebel, in dünne Scheiben geschnitten*
*1 TL getrockneter Thymian*
*1 TL getrocknetes Oregano*
*1 Tasse (250 ml) Olivenöl*

#### ZUBEREITUNG

1. Oliven für 12 Stunden in Wasser einlegen. Wasser abschütten, Oliven auf Küchenpapier gut trocknen lassen.
2. Öl in einer tiefen Pfanne erhitzen, Zwiebel glasig dünsten.
3. Oliven dazugeben und für 4 – 6 Minuten leicht dünsten. Abgießen.
4. Mit Thymian und Oregano bestreuen und vermischen. Warm servieren.

Die Speise kann im Kühlschrank aufbewahrt werden.

### Blumenkohl in Olivenöl

Eine Vorspeise mit Biss, kann auch zusammen mit anderen Salaten serviert werden.

#### ZUTATEN

*3 Tassen (750 ml) Olivenöl*
*1 großer Blumenkohl, in Röschen zerlegt*
*2 getrocknete Lorbeerblätter*
*3 Tassen weißer Weinessig*
*2 Tassen Weißwein*
*6 – 8 Pfefferkörner*
*3 – 4 Streifen Zitronenschale*
*1 EL Salz*

#### ZUBEREITUNG

1. Blumenkohl gut waschen und zwischen 2 Geschirrtüchern gut trocknen lassen.
2. In einem großen Topf Wasser, Essig, Wein, Lorbeerblätter, Salz und Zitronenschalen kochen.
3. Blumenkohl dazugeben, 5 Minuten bei kleiner Hitze köcheln lassen.
4. Blumenkohl aus dem Sud nehmen, auf einem Tuch trocknen und abkühlen lassen.
5. Blumenkohl in ein Glas geben, mit Pfefferkörnern bestreuen und mit dem Olivenöl bedecken. 10 Minuten ziehen lassen, falls nötig, zusätzliches Öl dazugeben, damit er vollständig bedeckt ist. An einem kühlen, trockenen Ort aufbewahren.

# DIE ORIGINAL-KRETA-DIÄT

## Salate

### Kreta-Bauernsalat für 4 Personen

Zubereitungszeit ca. 30 Minuten –
ca. 212 kcal pro Portion

1 Kopf Romanasalat
100 g feine, grüne Bohnen
3 kleine Kartoffeln
1 gelbe Zucchini
4 längliche Tomaten
1 Fenchelknolle
2 Stangen Frühlingszwiebeln
1 rote Zwiebel, in Ringe geschnitten
8 Sardellenfilets
10 Oliven

Olivenöl und Weißweinessig, Knoblauch, zum Würzen Meersalz, Pfeffer und Basilikum.

Jeder Salat auf Kreta ist so gut wie die Qualität seiner Zutaten.
Ohne Salate ist die Kreta-Küche undenkbar.

### Griechischer Salat (für 4 Personen)

ZUTATEN

4 Tomaten, klein geschnitten
1 Gurke, ungeschält, in Scheiben geschnitten
1 grüne Paprika, in Ringe geschnitten
1 große Zwiebel, in feine Scheiben geschnitten
2 EL Kapern
1 TL getrocknetes Oregano
15 – 20 schwarze Oliven

ZUBEREITUNG

1. Tomaten, Gurke, Paprika, Zwiebel wie vorbereitet in eine Salatschüssel geben.
2. Oliven und Kapern darüber geben.
3. Soßenzutaten in einem Glas gut schütteln. Über den Salat geben.
4. Mit Oregano bestreuen.

### Salatsoße

1/2 Tasse kaltgepresstes Olivenöl
2 EL roter Weinessig (je nach Geschmack)
Salz
Pfeffer

*Der berühmte griechische Salat enthält frische Tomaten und Gurken, pikante Kapern und Zwiebeln, Feta-Käse, Oliven und mindestens 2 – 3 EL extra pures Olivenöl.*

# SALATE

## Salat aus gebackenen Kartoffeln mit schwarzen Oliven
### (für 6 Personen)

**ZUTATEN**

*3 große Kartoffeln, ungeschält*
*3 große Zwiebeln, ganz, ungeschält*
*20 schwarze Oliven*
*3 EL kaltgepresstes Olivenöl*
*Zitronen oder Essig (nach Wahl)*
*Salz*

**ZUBEREITUNG**

1. Kartoffeln und Zwiebeln in Alufolie einwickeln.
2. Im Backofen für ca. 45 Minuten garen. Abkühlen lassen.
3. Kartoffeln und Zwiebeln schälen und in Würfel schneiden.
4. In eine Salatschüssel geben, würzen und die Oliven dazugeben.
5. Mit Olivenöl und Zitrone (oder Essig) beträufeln.

Heiß servieren.

*Gebackener Kartoffelsalat mit schwarzen Oliven, einer der originellsten Salate der kretischen Küche, ideal als Vorspeise.*

## Hühnerlebersalat mit Löwenzahn und grünen Oliven

**ZUTATEN**

*10 Stück Hühnerleber*
*1 Kilo Löwenzahn, klein gehackt*
*1 Bündel Roka*
*2 EL Dill, klein gehackt*
*2 frische Zwiebeln, in feine Scheiben geschnitten*
*2 Knoblauchzehen, gepresst*
*Saft von 2 Zitronen*
*1 Tasse grüne Oliven, entsteint*
*3 EL roter Weinessig*
*3 EL Rotwein*
*3/4 Tasse (180 ml) kaltgepresstes Olivenöl*
*(2 – 3 EL für Salatsoße zurückhalten)*
*Salz*
*Pfeffer*

**ZUBEREITUNG**

1. Marinade aus Zitronensaft, Knoblauch, Wein, Salz, Pfeffer herstellen, die Leber für mindestens 3 Stunden einlegen.
2. In einer Pfanne etwas Öl erhitzen, die Leber dünsten.
3. Marinade hinzufügen, für 7 – 10 Minuten köcheln lassen.
4. Leber klein schneiden.
5. In einer Salatschüssel Löwenzahn, Roka, Zwiebeln und Dill vermischen. Leber und Oliven dazugeben. Restliches Öl dazugeben. Nach Geschmack würzen. Umgehend servieren.

# SALATE

## Gemischter Salat aus Hülsenfrüchten (für 10 Personen)

### ZUTATEN

*3/4 Tasse Mongobohnen (klein, weiß, etwas schwarz)*
*3/4 Tasse Erbsen, klein, gelb*
*3/4 Tasse Bohnen, mittelgroß, weiß*
*3/4 Tasse Kichererbsen*
*3/4 Tasse Weizen*
*1 EL Salz*
*1 Tasse (250 ml) kaltgepresstes Olivenöl*
*1/2 Tasse (125 ml) Zitronensaft oder Essig, nach Geschmack*

### ZUBEREITUNG

1. Hülsenfrüchte über Nacht getrennt einweichen, mindestens jedoch für 8 Stunden.
2. Gut waschen.
3. Den Weizen in einem Topf 20 Minuten kochen. Abgießen.
4. Gelbe Erbsen in frischem Wasser kochen. Abgießen.
5. Kichererbsen und weiße Bohnen in frischem Wasser gemeinsam kochen. Abgießen.
6. Frisches Wasser kochen, salzen, alle Hülsenfrüchte, einschließlich der Mongobohnen, bei starker Hitze gar kochen. Abgießen.
7. In einer Salatschüssel anrichten, gut mit Olivenöl, Zitrone oder Essig beträufeln.

## Romagnasalat mit Fenchel und Orange (für 4 Personen)

### ZUTATEN

*1 großer Romagnasalat, klein geteilt*
*1 große Fenchelknolle, fein geschnitten*
*1 große Orange, in feine Scheiben geschnitten*

### Salatsoße

*1/2 Tasse (125 ml) extra pures Olivenöl*
*Saft einer großen Zitrone*
*1 EL Honig*
*Salz*
*frisch gemahlener Pfeffer*

### ZUBEREITUNG

1. Salat gut waschen, trocknen und zerkleinern.
2. Salat auf eine Servierplatte geben und mit Fenchelscheiben bedecken.
3. Orangenscheiben in die Mitte geben.
4. Soßenzutaten in einem Glas gut schütteln und vermischen.
5. Über den Salat geben.

*»Schwarzäugige« Bohnen mit Reis, eine einfache Mahlzeit, die mit viel Olivenöl gekocht wird.*

# DIE ORIGINAL-KRETA-DIÄT

## Gemüse und Bohnen

### Kartoffeln in Olivenöl und Oregano
(für 6 Personen)

**ZUTATEN**

*1 Tasse (250 ml) kaltgepresstes Olivenöl*
*1 1/2 kg Kartoffeln*
*1/2 Tasse (125 ml) Zitronensaft*
*1 TL getrocknetes Oregano*
*1/2 TL schwarzer Pfeffer*
*1 EL Salz*
*1 1/2 Tassen (375 ml) Wasser*

**ZUBEREITUNG**

1. Kartoffeln schälen, in Keile schneiden, waschen, abtropfen lassen.
2. Mit Salz und Pfeffer würzen, mit Oregano bestreuen.
3. Mit 5 – 6 Tropfen Olivenöl und Zitronensaft überträufeln. Gut vermischen.
4. In eine Ofenform geben, restliches Öl und Wasser darüber geben.
5. Im vorgeheizten Backofen für ca. 55 – 60 Minuten garen. Heiß servieren.

### Mongobohnen mit Reis
(für 4 Personen)

**ZUTATEN**

*1 Tasse (250 ml) kaltgepresstes Olivenöl*
*1 große Zwiebel, gerieben*
*1 Tasse Mongobohnen (klein, weiß, etwas schwarz), für 20 – 30 Minuten einweichen.*
*2 Tassen Reis (kein Parboiled-Reis)*
*7 Tassen Wasser*
*Saft einer 1/2 Zitrone*
*Salz*
*Pfeffer*
*Zitronenschale zum Garnieren*

**ZUBEREITUNG**

1. Die Bohnen 20 Minuten in reichlich Wasser kochen. Abschütten.
2. Öl in einem Topf erhitzen, Zwiebeln für 3 – 4 Minuten glasig dünsten. Bohnen dazugeben, weitere 6 – 8 Minuten köcheln.
3. Wasser und Reis hinzugeben. Abschmecken. Für weitere 25 Minuten ohne Deckel bei geringer Hitze dünsten.
4. Vom Feuer nehmen, Zitronensaft und Pfeffer dazugeben. Mit einem Geschirrtuch für 10 Minuten abdecken, etwas Feuchtigkeit soll erhalten bleiben. Frischen Pfeffer darüber geben. Mit Zitronenschale garnieren. Warm servieren.

## DIE ORIGINAL-KRETA-DIÄT

### Zerstoßener Weizen in Olivenöl
### (für 4 Personen)

**ZUTATEN**

3/4 Tasse (180 ml) kaltgepresstes Olivenöl
2 Tassen Weizen, zerstoßen
1 mittelgroße Zwiebel, klein gehackt
2 reife Tomaten, gewürfelt (1 1/2 Tassen Würfel)
7 Tassen Wasser
Salz
frisch gemahlener Pfeffer

**ZUBEREITUNG**

1. Öl in Topf erhitzen. Zwiebeln und Tomaten dazugeben, bei geringer Hitze 5 – 6 Minuten kochen.
2. Mit einer 3/4 Tasse Wasser aufgießen und salzen. Zugedeckt für weitere 10 Minuten köcheln lassen.
3. Zerstoßenen Weizen und 7 Tassen Wasser dazugeben und bei geringer Hitze weiterkochen, bis das Wasser aufgesogen ist.
4. Vom Herd nehmen und mit einem Geschirrtuch zugedeckt 10 Minuten stehen lassen. Heiß mit frisch gemahlenem Pfeffer servieren.

### Gebackene Artischockenherzen
### (für 6 Personen)

**ZUTATEN**

1 1/2 Tassen (375 ml) Olivenöl
12 kleine Artischockenherzen
2 Tassen Mehl
2 Eier, Eiweiß und Eigelb getrennt
3 EL trockener Weißwein
3 EL Wasser
Salz
Pfeffer
Zitronenscheiben zum Garnieren

**ZUBEREITUNG**

1. Artischocken in reichlich Wasser für 6 – 8 Minuten kochen. Aus dem Wasser nehmen, abtropfen und trocknen lassen.
2. Eigelb, Wein, Wasser, Salz und Pfeffer vermischen.
3. Nach und nach Mehl dazugeben und verquirlen.
4. Eiweiß schlagen und mit dem Holzlöffel unterziehen.
5. Artischocken in die Mischung eintauchen und in heißem Öl backen. Mit Zitronenscheiben garniert servieren.

*Zerstampfter Weizen (Chondros), gekocht mit frischen Tomaten und Olivenöl.*

## GEMÜSE UND BOHNEN

### Gedünstete Tomaten mit Minze
### (für 6 Personen)

#### ZUTATEN

*5 große, reife Tomaten*
*2 Frühlingszwiebeln, klein geschnitten*
*1 EL frische Minzeblätter, klein gehackt*
*2 Knoblauchzehen, klein gehackt*
*2 EL geriebener Käse (Parmesan oder Pecorino)*
*1 Tasse (250 ml) Olivenöl*
*Salz*
*Pfeffer*

#### ZUBEREITUNG

1. Tomaten waschen, trocknen und in 1 cm dicke Scheiben schneiden. In eine Ofenform geben und gut würzen.
2. Zwiebeln, Knoblauch und Minze vermischen und über die Tomaten streuen. Mit Öl beträufeln und für 40 – 45 Minuten bei 180 °C oder Gasherd Stufe 4 backen.
3. Aus dem Ofen nehmen und mit Käse bestreuen.
4. Für weitere 10 Minuten goldbraun im Ofen backen.

### Okra mit Kartoffeln
### (für 4 Personen)

#### ZUTATEN

*3/4 Tassen (180 ml) Olivenöl*
*1 Kilo Okra (Frucht einer Eibischart)*
*2 große Kartoffeln, in Würfel geschnitten*
*3 Tassen Wasser*
*1 große Zwiebel, in feine Scheiben geschnitten*
*2 große, reife Tomaten, gewürfelt*
*2 EL Petersilie, klein gehackt*
*Saft 1 Zitrone*
*Salz*
*Pfeffer*

#### ZUBEREITUNG

1. Okra: Fäden entfernen und waschen. Der Länge nach teilen, falls die Okra groß sind. Abtropfen lassen und salzen.
2. In einem großen Topf Öl erwärmen und Zwiebeln darin anbräunen. Kartoffeln und 2 Tassen Wasser dazugeben. Für 25 Minuten bei kleiner Hitze zugedeckt kochen.
3. 1 Tasse Wasser, Okra, Petersilie und Tomaten beigeben, bei kleiner Hitze weitere 15 Minuten kochen. Temperatur etwas erhöhen, Deckel abnehmen und weitere 15 – 20 Minuten kochen.
4. 5 Minuten vor Ende des Kochprozesses Zitronensaft dazugeben. Topf schütteln (nicht umrühren).
5. 8 Minuten vor dem Servieren stehen lassen. Kann im Kühlschrank aufbewahrt werden.

*Okras, Bohnen, Zucchini, Auberginen,*
*die beliebtesten Sommergemüse,*
*mit Olivenöl gekocht und kombiniert mit Fleisch,*
*Fisch oder einfach Kartoffeln.*

# DIE ORIGINAL-KRETA-DIÄT

## Eierspeisen

### Spiegeleier mit Tomaten (für 2 Personen)

ZUTATEN

6 EL kaltgepresstes Olivenöl
1 große, reife Tomate, geschält und klein gehackt
4 Eier
Salz
Pfeffer

ZUBEREITUNG

1. In einer Teflonpfanne Salz und Tomate für 6 – 7 Minuten leicht kochen, bis der Saft aufgesogen ist.
2. Olivenöl dazugeben, umrühren und weitere 2 – 3 Minuten köcheln.
3. Eier in die Tomatensoße gleiten lassen und etwas Tomatensoße über die Eier geben.
4. Gut erhitzen. Pfeffern. Heiß servieren.

Spiegeleier in Olivenöl mit Tomatensoße, dazu Kartoffeln, gebacken in Olivenöl und Oregano.

# EIERSPEISEN

## Omelette mit Zucchini (für 4 Personen)

### ZUTATEN

3 mittelgroße Zucchini, in feine Scheiben geschnitten
6 Eier
2 EL Milch
1/3 Tasse (80 ml) kaltgepresstes Olivenöl
1/2 TL Salz
frisch gemahlener Pfeffer

### ZUBEREITUNG

1. In einer Teflonpfanne Öl erwärmen. Zucchini bei geringer Temperatur dünsten, bis sie weich und goldbraun sind.
2. Inzwischen Eier, Milch und Salz sahnig schlagen.
3. Die Hälfte des Öls abgießen, Eimischung in die Pfanne geben. 2 – 3 Minuten auf jeder Seite backen. Noch zwei- bis dreimal wenden.
4. Heiß, mit frisch gemahlenem Pfeffer servieren.

*Omelette mit Zucchini*

# DIE ORIGINAL-KRETA-DIÄT

## Suppen

### Linsensuppe (für 4 Personen)

**ZUTATEN**

1/2 Tasse (125 ml) Olivenöl
2 1/2 Tassen Linsen
2 Tassen Wasser
1 Zwiebel, mittelgroß, klein gehackt
2 Knoblauchzehen, klein geschnitten
1 Karotte, groß in Scheiben geschnitten
2 Lorbeerblätter
3 EL Balsamico-Essig oder starker roter Weinessig
Salz
Pfeffer

**ZUBEREITUNG**

1. Linsen verlesen und waschen.
2. Öl bei geringer Temperatur erwärmen, Zwiebeln, Knoblauch und Linsen dünsten.
3. Karotten, Lorbeerblätter, Wasser, Essig und Gewürze hinzufügen. Nach Geschmack salzen und ca. 1 Stunde bei geringer Temperatur kochen, bis die Linsen weich sind.

*Die auf Kreta und allen Inseln der Ägäis berühmte »Kakavia« – eine Fischsuppe in die auch Olivenöl gehört.*

# SUPPEN

**Fischsuppe
(für 6 – 8 Personen)**

## ZUTATEN

*1/2 Kilo Kabeljau*
*1/2 Kilo Rotbarsch*
*2 rote Meeräschen*
*2 große Zwiebeln, geviertelt*
*2 große Kartoffeln, geviertelt*
*1 Tasse (250 ml) kaltgepresstes Olivenöl*
*1 TL Salz*
*Saft einer Zitrone*
*frisch gemahlener Pfeffer*

## ZUBEREITUNG

1. Fisch reinigen und unter fließendem Wasser waschen.
2. Öl in einem Topf mit dickem Boden erhitzen, Zwiebeln dünsten. Kartoffeln und anschließend den Fisch darüber geben. Mit Wasser auffüllen, sodass der Fisch bedeckt ist.
3. 40 Minuten bei großer Hitze unbedeckt kochen.
4. Vom Feuer nehmen, Zitronensaft dazugeben.
5. 8 – 10 Minuten abdecken und heiß mit frisch gemahlenem Pfeffer servieren.

# DIE ORIGINAL-KRETA-DIÄT

## Fischspeisen

### Fisch und Okra im Ofen
### (für 4 Personen)

**ZUTATEN**

1 Tasse (250 ml) Olivenöl
4 – 5 verschiedene Fischfilets
1 Kilo Okra
2 große Zwiebeln, klein gehackt
4 große, reife Tomaten (2 klein geschnitten, 2 in Scheiben geschnitten)
1 Tasse Wasser
1/2 TL Zucker
2 EL Petersilie
Saft einer großen Zitrone
1 EL Essig
Salz
Pfeffer

**ZUBEREITUNG**

1. Fisch waschen und abtrocknen.
2. Okra waschen, mit Zitronensaft beträufeln, 30 Minuten ruhen lassen.
3. Okra mit der Marinade in eine Ofenform geben, den Fisch in die Mitte legen.
4. Tomaten, Zwiebeln, Petersilie, Salz, Pfeffer, Öl und Wasser vermischen, über Fisch und Okra schütten.
5. Im Ofen für 55 – 60 Minuten bei 180 °C oder Gasherd Stufe 4 backen. Warm servieren.

### Lauch mit gesalzenem Kabeljau
### (für 4 Personen)

**ZUTATEN**

3/4 Tasse (180 ml) Olivenöl
1 Kilo gesalzener und getrockneter Kabeljau, in Stücke geschnitten
1 Kilo Lauch, in 5 cm lange Stücke geschnitten
3/4 Tasse Wasser
2 reife Tomaten, gewürfelt
2 EL Petersilie, klein gehackt
Salz
Pfeffer

**ZUBEREITUNG**

1. Fisch mindestens 12 Stunden in Wasser einlegen. Wasser öfter wechseln.
2. Lauch im Öl dünsten.
3. 3/4 Tasse Wasser hinzufügen, salzen, 15 Minuten köcheln.
4. Fisch, Tomaten und Petersilie nacheinander in Lagen dazugeben.
5. Zugedeckt 25 Minuten köcheln. Mehrmals den Topf leicht schütteln, ohne die Lagen zu verändern.

## FISCHSPEISEN

**Tintenfisch in Wein, grünen Oliven und Dill (für 4 Personen)**

### ZUTATEN

*1 kg frische Tintenfische, gesäubert, in Ringe geschnitten*
*3/4 Tasse (180 ml) kaltgepresstes Olivenöl*
*2 mittelgroße Zwiebeln, klein gehackt*
*1 Frühlingszwiebel, klein geschnitten*
*1 Tasse Dill, klein gehackt*
*1 1/2 Tassen (375 ml) trockener Weißwein*
*1 Tasse Wasser*
*1 1/2 Tassen grüne Oliven, in warmem Wasser gut gewaschen, entkernt*
*1 Brise Zucker*
*Salz*
*frisch gemahlener Pfeffer*

### ZUBEREITUNG

1. Zwiebeln in Öl dünsten.
2. Tintenfisch dazugeben, für 4 – 5 Minuten vorsichtig wenden, bis die Flüssigkeit aufgesogen ist, auf Spritzer achten.
3. Wein beifügen und leicht zum Kochen bringen.
4. Wasser und Zucker dazugeben, würzen.
5. Mit Oliven, frischer Zwiebel und Dill abrunden.
6. Nicht zugedeckt weitere 35 – 40 Minuten leicht kochen lassen.
7. Heiß oder warm servieren.

# DIE ORIGINAL-KRETA-DIÄT

## Fleischspeisen

### Rindfleisch mit Auberginen (für 4 Personen)

#### ZUTATEN

*1 Tasse (250 ml) Olivenöl*
*1 kg Auberginen*
*2 Knoblauchzehen, fein geschnitten*
*1 kg Rindfleisch, gewürfelt*
*2 große Zwiebeln, gehackt*
*1 EL Petersilie, klein gehackt*
*2 reife Tomaten, gewürfelt*
*1/2 Tasse Wasser (nach Bedarf)*
*1 TL Zitronensaft*
*Salz*
*Pfeffer*

#### ZUBEREITUNG

1. Auberginen waschen, der Lände nach teilen und in 3 – 4 cm lange Stücke schneiden. 50 Minuten in gesalzenes Wasser legen.
2. Zwischenzeitlich das Fleisch 35 Minuten kochen. 1 Tasse Brühe zur Seite stellen.
3. Auberginen abtropfen lassen und mit dem Fleisch in eine Ofenform geben.
4. Tomaten, Zwiebeln, Petersilie, Zitronensaft und Fleischbrühe mischen und über die Auberginen und das Fleisch geben.
5. Mit Öl und Wasser begießen, zugedeckt 20 Minuten im Ofen braten. Temperatur vermindern und 20 Minuten weiterbraten.
6. Ofen auf 180° C oder Gasherd Stufe 4 schalten, das Gericht noch 20 Minuten im Ofen stehen lassen. Warm servieren, bester Geschmack bei Zimmertemperatur.

## FLEISCHSPEISEN

**Schweinefleisch mit Sellerie und Eier-Zitronen-Soße (für 5 – 6 Personen)**

ZUTATEN

1 kg Schweineschulter, portioniert
2 Zwiebeln, fein geschnitten
2 große Sellerieknollen, in große Würfeln geschnitten
1 große Selleriestaude, in 4 – 5 cm große Stücke geschnitten
3 – 4 Tassen Wasser
2 Eier
1 Tasse (250 ml) kaltgepresstes Olivenöl
3/4 Tasse (180 ml) trockener Weißwein, Saft einer Zitrone, 1 TL Salz, 1/2 TL Pfeffer
1 Suppenwürfel für die Brühe

ZUBEREITUNG

1. Öl erhitzen, Zwiebeln glasig dünsten.
2. Fleisch waschen, trocknen, zu den Zwiebeln geben. Umrühren.
3. Wein und 1 Tasse Wasser hinzufügen, zugedeckt 20 Minuten kochen.
4. Sellerieknollen, Sellerie und 2 – 3 Tassen Wasser dazugeben, würzen.
5. Pfeffern, 45 – 50 Minuten kochen.
6. Auf ausgeschaltetem Herd fertig garen lassen.
7. In der Zwischenzeit Eier-Zitronen-Soße zubereiten. Eier sahnig schlagen, nach und nach Zitronensaft und Brühe dazuquirlen, bis die Mischung die Temperatur des Essens erreicht hat.
8. Mischung dem Essen zufügen und den Topf leicht schütteln. Heiß servieren.

# DIE ORIGINAL-KRETA-DIÄT

## Süße und herzhafte Kuchen und Plätzchen

### Spinatkuchen

**ZUTATEN**

Für die Füllung:
1 kg frischer Spinat, grob geschnitten
1 Bündel Petersilie, klein gehackt
1 Bündel frische Minze, klein gehackt
7 – 8 Frühlingszwiebeln, klein geschnitten
1 kg Feta-Käse, zerbröckelt
2 Eier, geschlagen
1 TL Pfeffer
1 TL gemahlener Muskat
1/2 TL Salz (Salzgehalt des Käses beachten)

Teig:
1 Packung fertiger Blätterteig (1/2 kg)
4 EL kaltgepresstes Olivenöl

**ZUBEREITUNG**

1. Spinat und Kräuter in einer Schüssel salzen. Wasser ausdrücken. Abtropfen lassen.
2. Käse, geschlagene Eier und Gewürze dazugeben.
3. Ofenform (30 cm hoch) einölen.
4. Die Hälfte des Blätterteigs Blatt für Blatt in der Form auslegen, jeweils ölen und an der Seite hochlegen.
5. Füllung darüber geben.
6. Restliche Blätterteigblätter ebenfalls leicht ölen, darüber legen.

*Bei den meisten Kuchen enthält der Teig sowie auch die Füllung Olivenöl. Das verleiht einen speziellen und köstlichen Geschmack.*

7. Mit einem scharfen Messer Portionen vorzeichnen.
8. Im vorgeheizten Backofen bei 180 °C oder Gasherd Stufe 4 backen.
Warm servieren.

## SÜSSE UND HERZHAFTE KUCHEN UND PLÄTZCHEN

### Kalitsounia
**(kleine, halbmondförmige, gebackene Küchlein, gefüllt mit Quark und Minze)**

#### ZUTATEN

Teig:
1/2 Tasse (125 ml) kaltgepresstes Olivenöl
2 Tassen Mehl
3 – 4 Tropfen Zitronensaft
1/2 TL Salz
3/4 Tasse (180 ml) lauwarmes Wasser
2 Tassen Olivenöl zum Backen
Zucker zum Bestreuen

Füllung:
3 Tassen Quark (Topfen)
1 TL frische Minze, klein gehackt
1 Eigelb
1 EL Zucker
1/2 TL Zimt

#### ZUBEREITUNG

Teig:
1. Mehl, Zitronensaft, Öl und warmes Wasser 4 Minuten im Mixer verquirlen, bei Bedarf Mehl oder Wasser zufügen.
2. Teig auf mehliger Oberfläche 10 Minuten zugedeckt ruhen lassen.

Füllung:
3. Käse, Minze, Zucker, Zimt und Eigelb vermischen.
4. Teig halbieren.
5. 1/2 cm dick ausrollen und Kreise, Durchmesser 5 – 6 cm, ausstechen.
6. 1 TL Füllung auf Kreis geben, halbmondförmig zusammenfalten, Enden zusammendrücken.
7. In heißem Öl frittieren. Mit Zucker bestreuen, servieren.

*Frittierte Fladen. Ein sehr einfaches Rezept, da der Teig, in viel Olivenöl frittiert, sehr knusprig wird und beim Essen im Mund zergeht.*

# DIE ORIGINAL-KRETA-DIÄT

## Frittierte Küchlein

**ZUTATEN**

*500 g Mehl*
*5 EL kaltgepresstes Olivenöl*
*Saft einer großen Orange*
*4 EL Grappa oder Wodka*
*1/2 TL Zimt*
*1/2 TL Salz*
*2 Tassen (500 ml) lauwarmes Wasser (bei Bedarf etwas mehr)*
*1 1/2 Tassen (375 ml) Olivenöl zum Frittieren*
*Honig oder Zucker zum Bestreuen (je nach Geschmack)*

**ZUBEREITUNG**

1. Mehl in eine Schüssel geben, in der Mitte vertiefen.
2. Öl, Orangensaft, Grappa oder Wodka, Salz und Zimt dazugeben, vermischen, 5 Minuten unter Zufügen von etwas Wasser kneten, bis der Teig geschmeidig ist und geteilt werden kann.
3. Teig teilen, jedes Teigstück soll ungefähr die Größe eines Tennisballs haben.
4. Jeden Teil ungefähr 1 cm dick rund ausrollen, Durchmesser 13 – 15 cm.
5. Teig frittieren, die einzelnen Küchlein müssen im Öl schwimmen.
6. Aus dem Öl nehmen, sobald der Teig aufgegangen und goldbraun ist.
7. Auf Küchenpapier Öl abtropfen lassen. Heiß mit Honig oder Zucker servieren.

# SÜSSE UND HERZHAFTE KUCHEN UND PLÄTZCHEN

## Plätzchen mit Olivenöl

### ZUTATEN

1 Tasse (250 ml) Olivenöl
1 kg Mehl
2 Tassen Zucker
1 Tasse frischer Orangensaft
1 Tasse trockener Rotwein
1 TL Backpulver
1 TL Honig
1 TL Zimt
1/2 TL Anissamen, zerstoßen
1 Tasse Walnüsse, grob gehackt

### ZUBEREITUNG

1. In einem Topf bei geringer Temperatur Wein erwärmen, Zucker und Honig auflösen. Orangensaft, Öl, Zimt, Anis und Walnüsse hinzufügen.

2. Verquirlen, von der Platte nehmen, nicht kochen.

3. Mehl und Backpulver vermischen, nach und nach in die Flüssigkeit geben. Gut vermischen. Kleine Bällchen formen, auf eingeöltes Kuchenblech legen.

4. Im vorgeheizten Backofen 40 Minuten bei 110 °C oder Gasherd Stufe 1 backen.

5. Aus dem Ofen nehmen, mit Zucker bestreuen. Abkühlen lassen. An einem kühlen Ort in luftdichter Dose aufbewahren.

*Biskuits mit Olivenöl und vielen Gewürzen.*

# DIE ORIGINAL-KRETA-DIÄT

## Baklava

### ZUTATEN

1 Packung (1/2 Kilo) fertiger Blätterteig
3 1/2 Tassen Walnüsse, grob gehackt
1 1/2 Tassen (375 ml) kaltgepresstes Olivenöl
2 EL Honig
2 EL Zucker
1 EL Zimt
20 Nelken

### ZUBEREITUNG

1. Walnüsse, Zucker und Zimt in einer Schüssel vermischen.
2. Rechteckige Kuchenform einölen, mit Blätterteig auslegen, seitlich festmachen, Einölen.
3. Walnussfüllung verteilen.
4. Überstehende Teigenden mit scharfem Messer abschneiden.
5. Restliche Teigblätter auslegen, jeweils ölen. Vorgang 3-mal wiederholen.
6. Oberste Lage diagonal (alle 4 cm) anritzen.
7. Bei 180 °C oder Gasherd Stufe 4 50 Minuten backen.
8. Aus dem Ofen nehmen, heiß mit Honig beträufeln, pro Stück mit einer Nelke verzieren.

»Baklava«, dieses klassische griechische Dessert, verwandelt sich in eine ausgezeichnete, leichte Süßspeise, wird anstelle von Butter extra pures Olivenöl verwendet.

## SÜSSE UND HERZHAFTE KUCHEN UND PLÄTZCHEN

**Rosinenkuchen**

### ZUTATEN

1 1/2 Tassen (375 ml) kaltgepresstes Olivenöl
1 kg Mehl
2 Tassen Zucker
1 1/2 Tassen lauwarmes Wasser
1/2 Tasse (125 ml) Brandy
1 Tasse frischer Orangensaft
2 1/2 Tassen Rosinen, halbiert
1 EL Muskat
1 TL Nelken
1 Brise Zimt
1 TL Backsoda, im Orangensaft aufgelöst
1 TL Backpulver

### ZUBEREITUNG

1. Zucker und Olivenöl verrühren.
2. Wasser, Brandy, Gewürze und aufgelöstes Soda dazugeben.
3. Mehl und Backpulver vermischen. Nach und nach der flüssigen Masse zufügen, bis der Teig fest ist.
4. In eine leicht geölte Ofenform geben, mit etwas Öl beträufeln, 45 – 60 Minuten bei 180 °C oder Gasherd Stufe 4 backen.
5. Abkühlen lassen, in Rechtecke schneiden.

*Cake mit Rosinen und Olivenöl.*

# Die Autoren

**Myrsini Lambraki**

wurde auf Kreta 1965 in der Stadt Heraklion geboren. Sie studierte in Athen an der Schule für Rechtswissenschaften. Im Jahre 1990 erschien ihr erster Gedichtband mit dem Titel »Tritones« und 1992 der zweite mit dem Titel »Onireftis«.

Seit 1993, der Familientradition von drei Generationen folgend, beschäftigt sie sich ausschließlich mit Fragen der Ernährung und den Geheimnissen der Kochkunst. Ihre Kenntnisse haben sie zur Erforschung der traditionellen griechischen und kretischen Gastronomie gebracht und machen sie zu einer Expertin in Gebrauch und Förderung traditioneller Produkte. Sie hat eine gastronomische Kolumne in der Sonntagsausgabe einer der größten Zeitungen des Landes, der »Kathimerini«, und schreibt Artikel über die traditionelle Küche in griechischen und ausländischen Zeitschriften in Amerika und Europa. Sie unterrichtet traditionelles kretisch-griechisches Kochen in Programmen der Europäischen Gemeinschaft für die Weiterbildung von arbeitslosen Frauen und auch in Programmen für die Weiterbildung der Landbevölkerung. Sie ist im Verwaltungsrat der internationalen Organisation für das Anrecht auf traditionelle Ernährung, slow food, und ist Mitglied des Archestratos, einem Verein zur Erhaltung und Verbreitung der griechischen Küche.

http://users.forthnet.gr/her./mirsini
E-Mail: mirsini@her.forthnet.gr

**Prof. Robert Gieler**

beschäftigt sich seit Jahrzehnten mit gesunder Ernährung. Mehrere sehr gute Bücher zur Vollwerternährung mit verschiedenen Schwerpunkten, z. B. »Dinkel & Co.«, »Wildgemüse« und »Beeren & Wildfrüchte«, stammen aus seiner Feder. Auf seinen vielen Reisen lernte er auch die mediterrane Kost in allen Facetten kennen. Besonders fasziniert ihn die Sonneninsel Kreta und die einfache traditionelle Ernährung der Kreter. Er studierte die Ergebnisse der wissenschaftlichen Studien, die in der Kreta-Diät die Ursache für das geringe Krankheitsrisiko der Kreter sehen, und präsentiert in diesem Werk seinen Weg der Transfertechnik der Kreta-Kost.

Als Bundesleitungsmitglied des Österreichischen Kneippbundes, Referent für Kneippkuranstalten im Heilbäderverband, Kneipp-Landesleiter von Wien und begeisternder Vortragender und Fachjournalist verfügt er über große Erfahrung im Umgang mit besonderen Diäten und sieht in der gesunden Ernährung auch die beste Möglichkeit, in Gesundheit älter zu werden.